FRANCISCO DE MELLO FRANCO

OS BRASIS

OBJETIVA

EDITORA OBJETIVA LTDA., rua Cosme Velho, 103
Rio de Janeiro – RJ – CEP 22241-090
Tel.: (21) 556-7824 – Fax: (21) 556-3322
INTERNET: http://www.objetiva.com

Capa
Raul Fernandes

Revisão
Neusa Peçanha
Maria Helena Latini
Tereza da Rocha

Editoração Eletrônica
Abreu's System Ltda

2000
10 9 8 7 6 5 4 3 2

Canto primeiro

1

Terra linda que atrai o sol ardente,
Visita que do oceano traz a vida,
Coberta pela manta comovente
Do verde, pelos morros estendida,
Nutrindo e protegendo, ternamente,
A fauna por deidades escolhida,
Cores que pintam paisagens sagradas,
Riquezas e belezas encantadas,

2

Com a flora de doçura esplendorosa,
E a grandeza do horizonte infinito,
O corte de fachada portentosa
Das serras altaneiras em granito,
A força da corrente caudalosa
Dos rios percorrendo o chão bendito,
Espécies e valores consagrados,
Que pelos continentes são louvados,

3

E os homens que lutaram na esperança
De dar para essa terra a faculdade,
Do Cristo, repassada na lembrança,
Como de toda fé, na integridade,
De tornar-se, com plena segurança,
Pátria certa do amor e da verdade,
Eu cantando festejo com meu verso,
E anuncio sua glória no Universo.

4

Com as tintas existentes tão-somente,
E os prodígios nos livros preservados,
Por certo contarei abertamente
Os fatos que precisam ser contados,
Dos êxitos de um esforço tão pungente,
Que possam dessa forma ser louvados,
Do cimo do melhor conhecimento,
Cunhado no mais justo julgamento.

5

Devoto do valor dessa vitória,
Devida a sacrifícios mui subidos
De homens dos quais não se guardou memória,
Ou muito injustamente perseguidos
Por servos que somente contam a história
De grupos principais favorecidos,
Eu cantarei, rimando em verso forte,
O triunfo da aventura sobre a morte.

6

O tremendo poder da natureza,
E o desamor do povo à vida inglória,
Atores da verdadeira grandeza
Dos títulos da brasileira história,
Não podem se prestar à vã pobreza,
Persistente na prática finória,
De contarem-se comumente os feitos
E predicados com falsos sujeitos.

7

À fonte de Hipocrene consagrada
Às musas, peço que me apóie e inspire,
E faça, ao bom sucesso dedicada,
Que Apolo, junto aos seus, por mim conspire,
Não deixando a lira calar cansada,
Mas que da verdade pura me inspire,
Trazendo a conclusão, que o esforço visa,
E o fim da servidão, que me escraviza.

8

Eram a princípio homens caminhantes,
Nascidos na foz do Rio Amarelo.
Pelo estreito de Behring, bons viajantes,
Foram chegar ao nosso paralelo,
Da mesma forma que outros, talvez antes,
Daquele delta e de tribos em elo,
Seguindo a Monção a Sonda arribaram,
E do Vietnam até Bali povoaram.

9

De acordo com os estudos de famosos
E grandes sábios de antropologia,
Produzidos com o amparo de zelosos
Mestres cultores de filologia,
E confirmados por mui poderosos
Indícios da melhor arqueologia,
Há provas, de argumento concludente,
Da ancestral origem índia no Oriente.

10

O fato é que o primeiro brasileiro
Proveio de onde muitos outros povos
Foram buscar nascente: no luzeiro
Oriental, que nutriu velhos e novos
Com o poder magistral de seu braseiro,
Aquecido ninho de grandes ovos
Da cultura humana: sensacionais
Descobertas e avanços magistrais.

11

Outros filhos de outros deltas geraram
Vários grupos, de vária brava gente.
Uns do Eufrates ao Egito avançaram,
E cruzando estepes, o continente
Europeu, com muito ânimo, alcançaram.
Os do Nilo ficaram, simplesmente,
Ou se mesclaram, em cumplicidade,
Com os do Tigre e do Indo em fraternidade.

12

O índio brasileiro é, pois, resultado
Milagroso, que se tornou nação,
Do mesmo esforço heróico e denodado,
De busca de aventura e de expansão,
Do espírito valente e renovado
De grupos de coragem e de paixão,
Que decidiram, logo que puderam,
Utilizar a força que tiveram.

13

No traço de imigrantes mais antigos
Havia os grupos das tribos tupis,
Dos portugueses feitos logo amigos,
Como, do mesmo ramo, os guaranis.
Já os brancos encontraram inimigos
Nos chamados tapuias, muito hostis.
Aos caribas e nu-araques unidas,
Tais tribos depois foram divididas.

14

Paracanans, tamoios, urubus,
Tupiniquins, gaviões, puruborás,
Potiguares, jurunas, guaicurus,
Parintintins, maués, tupinambás,
Bororós, canelas, mundurucus,
Xavantes, timbiras, pacararás,
Caraós, caincangues, apinajés
Tapirapés, palmarés, aimorés,

15

Canamaris, caiabis, urupás,
Culinas, cuicurus, ingaricós,
Bacairis, carutanas, carajás,
Macuxis, xerentes, paricotós,
Bocas-negras, xocós, camaiurás,
Xucurus, vaimiris, pianocotós,
E tantas outras, e quantas, distintas,
Entre elas, muitas que se encontram extintas.

16

A longa dominação sarracena
Do Golfo Pérsico às portas romanas,
Por terras bizantinas e de Atena,
Às zonas das conquistas muçulmanas,
Tão defendidas na ibérica cena,
De Portugal às áreas castelhanas,
Gerara situação muito premente
No Quinze, para a vida do Ocidente.

17

Não mais o Mare Nostrum se prestava
Às linhas de comércio costumeiras.
A grave dependência se pautava
Pelas dificuldades rotineiras
Que o mundo dos negócios encontrava
Com a maura raça, de rudes maneiras.
Urgia pelo Atlântico buscar
Percursos novos para navegar.

18

Na histórica ousadia portuguesa,
De Afonso de Albuquerque e de Sequeira,
Em Moçambique e na costa chinesa,
Ou, com a mesma coragem aventureira,
Do grande Vasco na cantada proeza
De às Índias chegar em rota pioneira,
Ganhou a travessia de Cabral
Sucesso de magia excepcional.

19

A notícia das terras descobertas
Despertou um interesse capitoso,
Com as vias de navegação abertas,
Surgidas daquele empenho precioso
Dos lusitanos, por dispor, libertas
Da presença do mouro belicoso,
De linhas de comércio, com a certeza
De amplo apoio, do povo e da nobreza.

20

E a referência aos índios, tão-somente,
Produziu intensa curiosidade.
Parecia impossível, simplesmente,
Que, da Europa de então, na atualidade,
Pudesse alguém supor, concretamente,
Que tal prodígio fosse realidade.
Homens vivendo livres na beleza
Dos corpos e das almas, em pureza?

21

Território tupi, logo aportado,
O Rio de Janeiro se tornara,
Conforme por cronistas relatado,
A grande sensação que entusiasmara
A corte portuguesa, e todo o Estado,
Com a inesperada nova, que assombrara,
De selvagens, com a nudez da inocência,
Vivendo nobremente, e com decência.

22

A notícia correu mais que depressa,
E a Europa, vetusta e formalizada,
Na grande emoção da surpresa impressa
Pela vida bíblica praticada,
Ansiava por confirmação expressa
Da notícia, pela carta anunciada.
Que se trouxesse, então, aquela gente!
Que se os mostrassem ao Velho Continente!

23

De início, várias levas transportadas,
De escravos, pelas mãos de traficantes.
Depois, as servas índias exportadas,
Para cumprir tarefas degradantes,
Porém pelos reinóis autorizadas,
Por vias de um direito a seus talantes.
Vergonha desumana que, indecente,
Até entreposto teve, em São Vicente.

24

Três décadas passadas, finalmente,
Com tais indícios de rebaixamento,
Na torpe exploração sempre presente
No opróbrio de tão mau procedimento,
Tiveram os fatos rumo diferente,
Gerado por um mágico momento:
Sábio e incerto inglês levou um cacique
Ao seu famoso rei, oitavo Henrique.

25

Mas também índios, como se prodígios,
Chegaram à corte de Dom João Terceiro,
Que os recebeu com trompas e fastígios,
E recorrendo ao hábito faceiro,
Fê-los cobrir com sedas e prestígios,
Que lhes dessem porte fino e altaneiro.
Sendo eles dessa forma destacados,
Às atenções de todos foram alçados.

26

E ocorreu na grande França de então,
Em pleno reino de Henrique Segundo,
Que, num instante de plena atenção,
Num instante de mudanças mui fecundo,
Causador da mais forte sensação,
Se promoveu com cuidado profundo
O batismo da índia Paraguaçu
E suas bodas com o Caramuru.

27

Quando ao passar do século a metade,
Fez-se com os reis, em Rouen, festa triunfal:
A Henrique e Catarina na cidade,
E a todo o presente mundo oficial,
Prestou-se o testemunho da verdade,
Mostrado com o maior cerimonial:
Os mais belos animais brasileiros
E cinqüenta selvagens verdadeiros.

28

Soberanos, rainhas e princesas,
Como ilustres membros da corte real,
Embaixadores, damas não francesas,
Prelados, duques, nobreza em geral,
Ficaram fascinados com as surpresas
Da força infinita do natural,
Que provava a espantosa realidade:
A origem reta e simples da bondade!

29

Mais tarde, em Troyes, se repetiu a festa
Para Carlos Nono, de Catarina
De Médicis filho, ela mãe funesta
De três reis e instigadora ferina
De matança infame que a história atesta,
E dele, filho rei, monstra assassina.
Igual festa em Bordéus, após dois anos,
Se fez em prol dos mesmos soberanos.

30

Por essa época, mui certamente,
Vindos daquele mundo primitivo,
Três índios embarcaram, expressamente
Chamados para um encontro decisivo
Com homem, cuja poderosa mente
Gênio ostentava, luminoso e vivo:
Miguel de Montaigne com eles se entretém,
E em Ensaio conta a emoção que tem.

31

Na voz do senhor de Montaigne havia
A interpretação que as mentes queriam:
Naturalmente bom o homem nascia;
Depois, tristes dilemas o venciam,
Gerando vida falsa que exigia
Os atos que depois o envileciam:
Num mundo de vício e frivolidade
Reinava torpe e livre a impunidade.

32

De bárbaro ou selvagem nada há
Nessa nação! — o grande mestre ensina:
Por barbarismo, um qualquer proporá
A usança que seu gosto não fascina!
Nela, espaço algum jamais caberá
À mentira, à inveja, ao tédio ou à propina!
O grande pensador se referia
Ao, da candura, estado de energia.

33

E com Platão, o mestre, cogitando
Se entreter, ele imaginou lembrar,
Não em diálogo, mas monologando:
Sem números e letras para usar,
Riquezas e pobrezas desdenhando,
Quaisquer contratos para atrapalhar,
Partilhas, vestimentas, sucessões,
Serviços, parentesco, ocupações,

34

Desconhecendo a dissimulação,
Como, por certo, o mito da avareza,
Infenso aos demônios da detração,
Da mentira, da calúnia ou tibieza,
Repudiando com desprezo a traição,
Considerada suprema fraqueza,
Estavam em clima de felicidade,
Na paz perene da plena igualdade.

35

Miguel de Montaigne conclui, implacável,
Com naturalidade contundente:
Se julgam a tirania abominável,
E evitada como vil e impudente,
Se a guerra sem nobreza é detestável,
Ou o ciúme da virtude está ausente,
Como por bárbara ter tal nação,
Contra os ditames próprios da razão?

36

Do mesmo assunto, fizeram censura
De conceitos, armados de ironia,
Erasmo, no *Elogio da Loucura*,
E Morus, na fantástica *Utopia*,
Apoiados do instinto, na frescura,
Dos índios, com a visão que então corria:
O mal era uma trágica invenção
Do homem, drama da civilização.

37

Erasmo, na genial caricatura,
Refere-se à bondade natural,
E no seu livro, Morus já procura
Entrar com o personagem principal,
Um luso herói, de expressiva figura,
Na guarda de um fortim colonial,
Plantado na ponta de Cabo Frio,
Terra tupi, no litoral do Rio.

38

Tal êxito tiveram esses portentos,
Com tão prodigiosa repercussão,
Que os temas se tornaram argumentos
Da mais notável consideração,
E impulsionado por tantos eventos,
O mundo das idéias e da ação
Dos homens começou a se alterar,
E seu destino a se modificar.

39

Definitiva se tornou a influência
Dessa nova abordagem cultural:
Grave erro residia na evidência
De que os progressos do convencional
Teriam tido, no tempo, prevalência
Sobre o procedimento natural.
Assim, era indispensável mudar,
Evoluir, rever, revolucionar!

40

Na Inglaterra, a propriedade feudal
Estava atravessando turbulência
Trazida pela migração geral
Do trabalho, em maciça transferência,
(Lembra Marx, no seu livro *O Capital*,)
Gerada pela trágica carência
Do emprego de geração pastoril,
Nos primórdios da produção fabril.

41

Quando os teares passaram a produzir
Tecidos em elevada quantidade,
O campo inglês precisou garantir
E assegurar à indústria da cidade,
Da criação de carneiros, a partir,
Muita lã de primeira qualidade.
Passou a ser extremamente urgente
Dispor de muita terra e pouca gente.

42

Pobres camponeses se transformavam
Em mendigos urbanos e ladrões.
Castigos inúteis lhes destinavam
Os senhores, nos fundos das prisões,
Quando até mesmo à forca os condenavam,
Sempre com as mesmas justificações:
Homens de sentimentos elevados
Não aceitavam poder ser roubados.

43

E assim, insiste Morus na *Utopia*
Com a fórmula de acerto e solução:
Perceber que a virtude consistia
Em, quando se tratasse da razão,
Saber que a natureza resistia
A tudo que lhe fosse negação.
Indispensável era o natural
Ser visto como o proceder normal.

44

Estava o brasileiro índio, então,
Fundamentando, com sua existência,
Os primeiros brados de inspiração
Social, de luta contra a decadência
Dos princípios normais de evolução,
Batalha que teria a conseqüência
De fazer mudar, de modo profundo,
O sentido da história neste mundo.

45

Novas idéias foram reveladas
Em conseqüência do tema moderno,
E vieram todas muito articuladas.
Entre elas, o aleitamento materno
Era uma das teses recomendadas
Como prática, de uso sempiterno:
Aos infantes, as forças necessárias
Não mais buscar nas amas mercenárias.

46

Foi grande da tese, a repercussão:
Que amamentassem, pois, as mães lactantes,
Abandonando as práticas de então,
Para adotar as novas e instigantes,
Dos mestres, aprovadas de antemão
Por frades e pastores protestantes.
Em França a própria rainha Margarida
Se dizia da idéia convencida.

47

À criança se devia também dar
Conforto, com completa liberdade:
Era impedi-la de no berço usar
Algo que lhe tolhesse a faculdade
De se movimentar e de brincar,
Que lhe toldasse a possibilidade
De existir, total e completamente.
Nada de roupas, pura e simplesmente!

48

A cães mortos, os reis de França fediam,
Atestam guardados contemporâneos.
Séculos de esquecimento teriam
Tornado, como mui extemporâneos,
Os hábitos de asseio em que haviam
Outrora vivido os seus conterrâneos.
No bojo dessa sujeira profunda,
Era Paris uma cidade imunda.

49

Com a sordidez assim desatinada
Ficava patente o enobrecimento
Da limpidez dos índios, revelada
Nos banhos, diários desde o nascimento,
Rotina certa e nunca abandonada
Ao longo do tempo, em qualquer momento.
A todos, Montaigne propõe adotar,
Dos selvagens, o hábito salutar.

50

Outros grandes cardeais do pensamento
Uniram-se, com espírito impoluto,
Para ofertar apoio ao movimento,
Usando sempre um tirocínio arguto,
Que dava à avançada proposta alento,
E lhe pagava pleno e amplo tributo:
Léry, Thevet, Ronsard e Campanella,
Com Rabelais, trataram todos dela.

51

A procura da síntese total
Da civilização com a natureza,
Tornada em centro e razão principal
Da pregação, por força da beleza
Emanada da vida natural,
Oferecia esplêndida firmeza
À revolta, com o poder da ousadia
Das idéias, que os erros desafia.

52

Eram princípios revolucionários
Por sobre os quais os mestres tinham vistas.
Não vacilavam eles, temerários,
A condenar as guerras de conquistas,
Que diziam inspiradas por primários,
Grotescos, interesses monarquistas.
Somente a emulação pela virtude
Honraria, de combate, a atitude.

53

Propunham o comunismo primitivo,
A herança e a sucessão inexistentes,
A terra, condomínio imperativo
De todos, quando dela dependentes,
Teria a posse um conceito inativo,
Como a morte, outros mais indiferentes,
Posturas radicais, consideradas,
Nas vidas dos selvagens reveladas.

54

O brado de progresso do humanismo,
Lançado com o vigor de tantas mentes
Dotadas da pujança do altruísmo,
Gerou desdobramentos decorrentes,
Que se expandiram, além do quinhentismo,
E culminaram grandes concorrentes,
Aliados das propostas recebidas,
No encômio das idéias concebidas.

55

No século seguinte um tratadista
E mestre do direito natural,
Grotius, um portentoso especialista
Das origens do regime social,
Pôde afirmar que o Estado comunista
Dois sentimentos tem, de ordem moral:
Vida levada com simplicidade,
E relações, com reciprocidade.

56

Mas é o índio brasileiro que existe,
No remanso dessa fraternidade,
Na perfeita existência, em que consiste
A convivência com a comunidade,
Definitivo exemplo, que resiste
A todo apodo contra a liberdade.
Grotius foi o verdadeiro estilista
Da inspiração do sonho socialista.

57

E no domínio do setecentismo,
O sonho tão assim fortalecido
Inspirou regras para o Iluminismo,
Doutrina para um mundo esclarecido,
Na fé contrária ao tradicionalismo,
Da flama dos avanços, investido,
Fundada na certeza racional,
E no desprezo do sentimental.

58

E a ciência política continua
A procurar uma interpretação:
Progride, avança sempre, não recua,
Louvando dos selvagens, a nação,
E o seu maior direito, que situa,
Da liberdade, na organização:
Ilustres mestres, Montesquieu à frente,
A tal, tudo creditam, firmemente.

59

Os índios brasileiros, sob as vistas
De variados e seletos viajantes,
Mestres de filosofia e juristas,
Vistos eram como representantes,
Depois de estágios evolucionistas,
Dos mais remotos homens, militantes
Das idéias da culta Antiguidade,
De liberdade com fraternidade.

60

Estava a grande causa assim lançada,
Proposta com fundamento e paixão.
A essência da bondade praticada
Seria o caminho da evolução:
Se bem compreendida e logo adotada,
Evitaria uma revolução.
Que assumissem os homens a atitude
De virem com ela ter a plenitude.

61

Os mestre pensavam dar novas cores,
Tomadas do brasileiro selvagem,
À paisagem humana, que rancores,
Por vezes disfarçados em roupagem
Rica, que ocultava seus transgressores
Empenhos e sua verdadeira imagem,
Haviam tornado triste e lamentável,
Injusta, sem moral e miserável.

62

Os mesmos argumentos que inspiravam
Uma revolta tão revisionista,
De um mundo depravado a que visavam
Dar correção, com trato socialista,
Contrário-senso, outros os usavam,
Considerando a tese mui simplista.
No *Candide*, dela debocha e ironiza
Voltaire, que com rudeza a satiriza.

63

Firmes estavam os revolucionários,
Quando faziam intensa pregação,
Envoltos pelo tema, solidários
Com os que teimavam em não lhes dar razão.
De qualquer forma, para os reacionários,
O índio centralizava a negação:
Lutavam pelo desmerecimento,
Da bondade natural, do argumento.

64

Outro notável enciclopedista,
Dentre todos, talvez, o exponencial,
E a mais brilhante mente reformista
No quadro da transformação moral,
Herói maior da postura cientista,
Obreiro da investigação geral,
Declara Diderot que a liberdade
É própria da selva, não da cidade.

65

Diderot condena o falso pudor
Que se envergonha de atos naturais,
Pela razão, feroz batalhador,
Lamenta atitudes preconceituais,
E se revela mesmo defensor
De práticas, por vezes, radicais,
Que justificam do índio até a morte,
Se perde, de manter-se livre, a sorte.

66

A tese da bondade natural,
Adotada à maneira mais crítica
Que permitiu seu conceito moral,
Evoluiu em teoria política
No Dezoito, para vir, afinal,
Fundamentar com sua força mítica,
Nos livros de Rousseau, a evolução,
Em França, da fatal Revolução.

67

Em Rousseau, dos deuses, a intransigência
Se alia à vida humana, na conduta,
Trazendo, por meio da inteligência,
A maior base da sua grande luta,
Com do *Mahabarata* a refulgência,
O ardor e o ânimo, para a disputa.
Armado assim, constrói seu arsenal,
E o prescreve no *Contrato Social.*

68

O Discurso sobre a Desigualdade,
Escrito de importância capital,
Prossegue, com a mesma finalidade,
Em pregação feita monumental:
Defesa intransigente da igualdade
Dos homens, como condição geral.
No *Emílio,* ele a propõe à educação,
Na *Nova Heloísa,* ao campo da paixão.

69

Através dos caminhos percorridos
Pelos trabalhos de gênios marcantes,
Que por contemporâneos eram tidos
Como orientadores dos mais brilhantes,
Que precisavam ser reconhecidos
E respeitados, como bem pensantes,
O tema do selvagem brasileiro
Invade o Velho Mundo, por inteiro.

70

E aquela terra longínqua e formosa,
Formidável e mágica existência,
Provida da mais linda e dadivosa
Riqueza, de notável consistência,
Em paisagens de beleza assombrosa,
Ao tom de sons e cores em cadência,
No curso de tais fados foi levada
A inspirar a revolta planejada.

71

A crua história começa outrossim,
Na trama enovelada dos eventos,
A, dos monarcas, preparar o fim,
E a marcha de tais acontecimentos,
Traz dos homens, a liberdade, enfim:
Dos séculos, os gloriosos momentos
Vividos por nossos antepassados,
Do fenômeno do índio, repassados.

72

Do poder absoluto, a milenar
Tradição, em vigor nas declaradas
Usuárias do cognome, singular
E injusto, de nações civilizadas,
Foi posta em posição particular,
Com essas graves questões por ser tratadas:
Vai a sugestão primitiva, assim,
Ser dessa renovação, o estopim.

73

Num milagre de participação
Decisiva, e no momento, inconsciente,
Por alguns desvios de interpretação
E tese talvez pouco consistente,
Aproveitada para uma lição
Que o poder condenava asperamente,
O selvagem do Brasil foi tornado
Exemplo do correto contra o errado.

74

Havendo por tais caminhos se alçado
À condição de modelo, segundo
Certo esboço, alternante ao desgastado
Sobrevivente do tempo profundo,
Teve o selvagem vulto improvisado
Em solução adagial para o mundo.
Na Europa, peja de reis e senhores,
Foram, da solução, embaixadores,

75

Representantes de um país que entrou,
Por suas mãos, na consciência das nações
Ditas civilizadas, e ditou,
Pelas vozes das interpretações
Da verdade nativa que exportou,
Os bons caminhos para as rebeliões
Que deveriam com o tempo corrigir
Os rumos para o homem progredir.

76

É o índio que torna internacional
O Brasil, e não de forma passiva,
Com presença de importância trivial,
Mas sim, e da maneira mais ativa,
Através da influência promocional
Das idéias da bondade nativa
Que despertou, nas mentes motivadas
Das inteligências politizadas.

77

Internamente, foi determinante
Da língua falada, a uniformidade,
O tupi-guarani, que dominante,
Correndo a costa, sem diversidade,
Foi instrumento de poder, diletante
Da brasileira tão rara unidade,
Tendo logo se tornado um fator
De entendimento com o forte invasor.

78

A tentativa de escravização
Para a cana-de-açúcar produzir,
Provocou, das tribos, a desunião
Impiedosa, que fez o índio fugir
Da costa para preparar reação
Que lhe desse meios de resistir.
Passaram a atacar as capitanias,
Assim como as vilas e as feitorias.

79

O selvagem escapou, encurralado,
Repleto de um sentimento furioso,
Para o interior, sentindo violentado
Seu conceito de guerreiro famoso,
Converso em inimigo declarado,
Temível adversário belicoso.
Os índios opuseram resistência
À, pela escravidão, torpe tendência

80

Do colonizador, pois, assaltavam
Engenhos e várias expedições,
Assim, segundo os atos confirmavam,
Atestando as horrendas destruições,
Como freqüentemente massacravam,
Com terrível violência, nos sertões.
Não serviriam à colonização,
Nem se dobrariam à dominação.

81

A forte resistência aos invasores
Se promovia por grupos desunidos.
Tapuias e tupis, com seus rancores,
Tupinambás, tupiniquins, rompidos,
Sabidos da mesma língua, cultores,
Pugnavam, mui tenazmente aguerridos.
Foi grande o sentimento de vingança,
Assustadora e sangrenta a matança.

82

Isolado em Pernambuco, o caeté
Lutava contra a branca infiltração;
Mais abaixo, na Bahia, o aimoré
Aterrorizava a população;
Ao sul, registra o frade André Thevet,
Era do morubixaba a reação:
No litoral as águas dominava,
E mesmo caravelas abordava.

83

O índio tornou-se herói e professor
De uma lição audaz de independência,
Por ele prestada ao dominador
Que almejava tratá-lo com insolência,
Usando desprezível despudor,
Servindo, como escravo, na indecência,
Ignóbil, na mais vil das condições,
Intolerável, nas índias nações.

84

A peleja prosseguiu despovoando
Aldeias selvagens, que, degradadas,
Aos poucos foram se desfigurando.
Em conseqüência disso, abandonadas,
Dos seus padrões de vida se afastando,
Tiveram suas culturas relegadas,
Seus homens, deformados e submissos,
De corpos como de almas, enfermiços.

85

A terra larga e grossa, referida
Por Nóbrega, de imensas e cerradas
Matas a desbravar, foi logo tida
Pelos colonos brancos, nas entradas,
Como sendo serventia prometida
Aos índios, com maneiras disfarçadas,
De forma a ter servil o braço bravo,
Negociado e vendido como escravo.

86

Da integração nacional, o fator
Que se mostrava como primordial
Era o índio, do ambiente conhecedor,
Por todas as razões, o natural,
Da dominação, estimulador.
Com a raiz tupi, a língua geral
Se fez, para o comércio estimular,
E seu crescimento facilitar.

87

Ao índio deve o povo brasileiro
Parte da poderosa identidade.
A ele também deve o mundo inteiro,
Desde o instante em que a superioridade
Da humana condição, em sorrateiro
Entendimento com a genialidade
Do Século Dezoito o fez, de enigma,
Um revolucionário paradigma.

88

Os hábitos indígenas estão
Entre nós, no vestir, na moradia,
Na língua, como na alimentação,
Nos banhos, em asseio cada dia,
Nos recursos próprios de construção,
Na arguta e popular sabedoria,
No orgulho dos simples, na adversidade,
Quando superam, por honra, a vaidade.

89

Estão eles na fácil valentia,
Na ampla coragem de improvisação,
No horror do povo pela covardia
Do rico, apodrecido de ambição,
Na forte e apropriada mais-valia
Da toponímia, urbana e do sertão.
Estão no arisco aroma da nudez
E graça da mulher, de qualquer tez.

90

Estão nos traços da severidade
Da vida, na choupana do interior,
Vivem também na plena integridade
Dos lares modestos, com seu calor,
No pronto desdém da promiscuidade,
Dos fastos de luxo, de cruel sabor.
Herdeiros de sua tradição selvagem,
Nossa cultura é dela uma homenagem.

91

Louvamos a vós, selvagens das matas,
Da farinha, dos beijus mandioqueiros,
Do amendoim, cará, das doces batatas;
E também a vós, grandes campineiros,
Do inhame, do mel, das seivas extratas,
Das armadilhas, dos rios pesqueiros.
Recebemos todos, seguramente,
O exemplo que deram, prodigamente,

92

E nas rotinas livres do aldeamento,
Tendo a floresta infinda por domínio,
Nas longas festas o divertimento,
Nas danças, na tiquira, o bom fascínio
Da embriaguez, para o amor o doce alento
Que transforma em Dioniso um apolíneo,
De terem a liberdade como regra,
Que quaisquer valores outros, integra.

93

No preparo dos campos, foi a mão
Do índio, na faina de trazer em troca
O jenipapo, a mangaba e o mamão,
O cará, o jerimum e a mandioca,
Farinhas várias de mão de pilão,
Como canjica, pamonha e paçoca,
Que vieram se juntar na deliciosa
Mesa de influência índia, primorosa

94

De belos sabores, na formação:
Do tipiti, à moqueca e amendoim,
Ao milho, caju, banana e feijão,
Como pipoca, pimenta, cauim,
Ananás, jabuticaba, pinhão,
Ou tapioca, coco, beiju e aipim.
A mesa com tais bens aparelhada,
Se torna, em deslumbramento, adornada.

95

Milagre americano, sobretudo,
Próprio do continente sublimado,
Carregado de precioso conteúdo,
Forte, belo e nobremente formado,
Foi sua força irresistível, contudo,
Que deu a nós e ao mundo o inesperado
Apoio, de um novo rumo inspirar
Aos homens, a fim de os regenerar.

96

Existência de destino crucial,
Teve a vergonha de ser enganado;
Criatura de expressão fundamental,
Foi, em miserável quadro, apartado
Dos seus, e condenado ao maior mal:
A sujeição ao trabalho forçado,
Submetido à tremenda humilhação
De, ferrado, afundar na servidão,

97

Por ferramentas e roupas trocado,
Submetido a castigos rigorosos,
Por serviços domésticos tragado,
Muitas vezes, os mais desprimorosos,
Enquanto também era doutrinado
Por padres aguerridos, desejosos
De aqueles puros seres procurar
Nas verdades sagradas, educar.

98

Nos cinco séculos depois passados
A história brasileira foi escrita
Por índios em curibocas mesclados,
Mamelucos de coragem infinita,
Por negros em cafuzos transformados,
De raças, em conjunção não restrita,
Povo que unido pelas diferenças
Futuro enorme tem, de amor, nas crenças.

99

Ó canto meu, registre bem a glória
Definitiva, impoluta, imortal,
Da presença de fogo, na memória
Dos atos de construção nacional,
Do selvagem, na formidável história
Memorável, fascinante e sem igual.
Pilar bendito, suporte pioneiro,
Sublime bênção, índio brasileiro.

100

E registra enfim, sem risco de errar,
Mas com firmeza, afirma sem pudor:
Duas vezes, a Verdade mostrar
Buscou, a primeira com o Redentor
Enviado para se sacrificar
Pelo bem do homem, seu perseguidor;
A Segunda, o paraíso mostrando,
E um viver abençoado revelando.

Canto segundo

1

Difundira-se na Europa a noção
Que apontava como homens de cultura
Os que tivessem civilização,
Definida como sendo a aventura
Com que se promovesse a evolução
De um estado de instintividade pura.
Não passariam os outros de banais
E elementares homens naturais.

2

Os brancos que no Brasil aportaram
No Dezesseis, vindos de Portugal,
Nas antigas eras se estruturaram
Com variadas migrações, em geral
Do norte da Europa, com o que formaram,
No tempo, uma conjunção cultural:
Os lusitanos, gente aglutinada
De etnias várias, em nação tornada.

3

Aos muito primitivos moradores
Da mesma região, vieram se juntar,
Há cinco mil anos, agricultores
Do norte d'África, para ocupar
Regiões sulinas, que logo invasores
De outras origens vieram disputar.
A antropologia dos portugueses
Tem celtas, fenícios, cartagineses,

4

Os bárbaros godos, suevos, alanos
E vândalos, e com eles se somaram
Judeus, hunos e povos muçulmanos,
Com vários outros que também chegaram:
Eslavos, mouros e escravos ciganos.
Foi nesse cadinho que se formaram
A condição humana portuguesa
E a matéria da sua natureza.

5

Assim, portanto, as iberas regiões
Eram habitadas por tipos raciais
Diversos, em cujas composições
Havia componentes culturais
Os mais distintos, com populações
Que se compunham, nos seus ancestrais,
De mediterrâneos de ambas as margens,
Das romanas e africanas paragens.

6

A maior força da dominação
De Roma foi no campo cultural.
De norte a sul se deu transformação
Também no comportamento social,
Pelos esforços de harmonização
Da cultura romana com a geral.
Foi o grande fulgor do europeísmo,
Que antecedeu de muito ao do islamismo,

7

Iniciado apenas nos Setecentos
Com a chegada dos mouros invasores,
Que por lá ficariam oitocentos
Anos instalando-se, exploradores,
Do Douro ao Guadiana, com seus talentos
De bons e radicais dominadores.
Da toponímia ao léxico atestada
Ficou a permanência prolongada.

8

Foi como um prólogo o árabe domínio
Que abriu a história do reino cristão
Português, alterando o condomínio
Do convívio na miscigenação
Das velhas etnias, sem extermínio,
Mas com severa interpenetração.
Ficavam os árabes na mouraria
Quando estavam os cristãos em maioria,

9

Ou, no inverso, a moçárabes passavam
Os cristãos, quando aos mouros submetidos.
As relações mercantis acabavam
Por se reduzir, pois, empobrecidos,
Os centros urbanos se despovoavam,
Vida e fatos aos campos transferidos.
As zonas rurais o povo acolheram,
Os reis, a seus castelos recolheram.

10

Foi assim até o Doze, em Portugal.
População aos campos estendida,
Mantidos como sede episcopal
Poucos centros, onde ficou contida
Certa organização municipal
E religiosa, ficando impedida
Assim a desordem, e preparado,
Da burguesia, o futuro do Estado.

11

No Doze, porém, ainda em seus albores,
Começou a se forjar a expulsão
Dos sarracenos, junto com os candores
Que inspiravam o feudalismo cristão
No cruzadismo, a ter motivadores
Pretextos, fundados na religião,
Para buscar expansão de poderes,
Sempre em nome dos mais nobres deveres.

12

Dentre os mouros grande era a gradação
De cor, que abertamente se estendia
De um branco ao negro retinto, em função
Que a proporção dos líbios induzia,
Juntamente com negros, na invasão
Que com os cartagineses principia:
Raça púnica, feita com africanos,
Formada assim, desde os tempos romanos.

13

O estudo da mistura denuncia
Certo tipo composto dominante,
Que se refere na antropologia
Como de fronte larga, confrontante
Com acentuada dolicocefalia,
Um nariz estreito, face bastante
Comprida, de palatino alongado,
E com volume craniano elevado.

14

No mais, eram médias as estaturas,
Com pele morena predominante,
E também sendo quase sempre escuras
As cores dos cabelos, de um estuante
Preto, e dos olhos, duas contas duras
A negrejar um fitar penetrante.
Esse o retrato comum do primeiro
Branco, que pisou o solo brasileiro.

15

Os pioneiros foram dois degredados
Que, pela cabrália armada trazidos,
Foram desde logo em terra deixados,
Ficando com dois grumetes fugidos,
E talvez por belas índias roubados,
Na espantosa natureza fundidos.
Os condenados, quando abandonados,
Foram pelos nativos amparados.

16

E logo a missa na Páscoa oficiada
Juntou índios e brancos que assistiram
A ela sob uma cruz improvisada:
O sermão com muito respeito ouviram,
A bandeira da ordem de Cristo alçada,
Na cerimônia em que todos sentiram,
Destacaram presentes com emoção,
Inquietante e profunda devoção.

17

Na carta de Caminha está a latente,
Antiga e comprovada inclinação,
Pelos anos preservada e presente,
Da prática da miscigenação.
— O fruto será salvar essa gente, —
Diz ele, mostrando a disposição.
Seria essa a semente principal
A ser lançada na terra, afinal.

18

E assim revelando a sua intenção,
Lembra que gente de tal inocência
Versaria o ensinamento cristão,
Por não terem, de acordo com a aparência,
Crenças que se opusessem à salvação.
Os próprios degredados, com a tendência
Normal que teriam de os entender,
Meios eram de cristãos os fazer.

19

E o missivista lembra alegremente
Que enquanto os índios por ali andavam,
Sem qualquer medo, e muito docemente,
Com os portugueses dançavam e bailavam,
Atendendo sempre e confiantemente
Aos brancos, que os chamavam e convidavam.
Por fim refere, com luso pendor,
Que belos corpos lhes dera o Senhor.

20

E a disposição colonizadora
Dos brancos, Vespúcio depois revela,
Em carta minuciosa e informadora,
Quando lembra que a terra sob tutela
De mil riquezas era detentora,
Tão farta se mostrava, enquanto bela.
Haveria amplo espaço de cobiça
No trato com selvagens, sem justiça.

21

E o comércio do pau-brasil começa,
Fernão de Noronha concessionário.
A partir dele não há nada que impeça
A formação de um sistema embrionário
De exploração, e de defesa expressa
Contra os ataques do francês corsário.
Os índios ficam entre os mair — franceses —,
E os que chamavam perós —, portugueses.

22

Houveram diversas expedições
Que a Vespúcio e Noronha sucederam.
Nuno Manuel, Bretoa, e explorações
Menores, que no tempo antecederam
Martim Afonso e irmão, que soluções
Maiores deixaram, pois combateram
Invasores, e deixaram fundada,
Afinal, a primeira área povoada.

23

Quando os planos de colonização
Da terra foram enfim apresentados,
Passou-se a tudo oferecer, então:
Sementes e animais domesticados,
E novas situações, que o capitão
Martim Afonso, com seus comandados,
Dotados de poderes especiais,
Deram às suas condições iniciais,

24

Prevendo em sesmarias dividir
As terras, para, em termos oficiais,
Ocupar, "o que achar e descobrir".
Registram os assentamentos gerais
Da expedição, que fez introduzir
Cana e os primeiros engenhos, e mais,
Como armas, materiais de construção,
Artigos de comércio e plantação.

25

Sendo toda a expedição masculina,
Em São Vicente encontra castelhanos
Vindos da depois Santa Catarina,
E juntos, espanhóis e lusitanos
Buscaram na verdade feminina
Das índias o cruzamento que, em anos,
Veio a gerar muitos troncos mestiços,
Sem veleidades de ritos castiços.

26

Foi assim, pois, que se estabeleceram
Os primeiros núcleos de ocupação,
Mamelucos, portanto, que nasceram,
Formando a base da população,
E que do centro ao sul depois desceram,
Cor branca chegando à grande nação.
Fez depois a coroa demarcar
As capitanias, para tratar

27

De ocupar os espaços concedidos
Que, na forma do regime feudal,
Tornava os donatários investidos,
Com a outorga de um documento foral,
Da posse e dos direitos referidos,
Só devendo o quinto à fazenda real.
Tinham título de governadores,
Dos territórios, completos senhores.

28

Sesmarias, tinham o poder de dar,
Mas não para a mulher e filho herdeiro.
Múltiplas vilas podiam fundar,
E investidos de um papel justiceiro,
Mesmo penas de morte decretar,
No atendimento forte e sobranceiro
Do pleno mandamento recebido,
Para por honra de El-Rei ser cumprido.

29

Pareciam os donatários provir
De uma chamada pequena nobreza,
E comumente depois de auferir
Longa vivência na rude aspereza
Das Índias, na luta por produzir
Nas condições vigentes de pobreza.
No mais, os infelizes degredados,
E grupos criminosos homiziados.

30

Cristóvão Jacques pela feitoria
Pernambucana deixou povoadores,
Que os ocupantes da capitania
De Duarte Coelho, novos moradores,
Encontraram já com cidadania
De funcionários e trabalhadores.
Trouxe ele sua família e camponeses,
Num misto de espanhóis e portugueses,

31

Os quais com tanto sucesso cruzaram,
Que criaram a capitania chamada
De Nova Lusitânia, e prosperaram.
A mesma solução foi fracassada
Noutras áreas, que entretanto deixaram
A fase de povoamento avançada:
Grupos de mamelucos aumentavam
Sempre, à medida que brancos chegavam.

32

Certo é que desse período somente
Se possa talvez bem acompanhar
A origem do povo de São Vicente.
Pelos registros salvos a guardar,
Chegaram àquela zona certamente
Casais do reino e ilhas, a fartar:
Vieram, por certo, aqueles povoadores
Do continente, da Madeira e Açores.

33

Da Beira-Alta e do Minho, em maioria,
Mais para o comércio leve inclinados,
Da Extremadura, após, em minoria,
A ofícios mecânicos dedicados,
Como do Alentejo e Algarve, e em teoria
Estrangeiros também são mencionados,
Como flamengos, alemães, franceses,
Além de italianos e alguns ingleses.

34

A carência de colonizadores
Não se faria, porém, remediada,
Enquanto os lusos organizadores
Não promovessem a fórmula aventada
De à colônia trazer governadores
Gerais, que só depois foi realizada:
Do pau-brasil, a luta da extração
Não gerava o fruto da ocupação.

35

E Tomé de Souza, governador,
Chegou com mestres-de-obras e funcionários
Subalternos, oficiais, ouvidor,
Capitão-mor da costa, missionários,
Alguns sacerdotes e um provedor,
No todo e cada um depositários,
Em tantas e tão longínquas andanças,
Da corte, das melhores esperanças.

36

Depois, eram trezentos contratados,
Mais duzentos de tropa regular,
Cerca de quatrocentos degredados
Tratados como "homens de pelejar",
Além dos quais, alguns poucos casados.
Com essa gente, tratou-se de fundar
Com os olhos no Divino Redentor,
A Capital, chamada Salvador.

37

Ficaram em sesmarias divididas
As terras para colonização,
Que passaram aos colonos distribuídas,
Ao longo do recôncavo e sertão,
A fim de serem bem desenvolvidas
No quadro dessa nova solução.
Com toda essa gente que se instalava,
Mais firme, a posse se consolidava.

38

O sistema gerou prosperidade,
Repercutindo em Portugal inteiro;
A um santo dedicou-se outra cidade,
São Sebastião do Rio de Janeiro,
E aos poucos, finalmente, de verdade,
Do descobrimento, já no primeiro
Século, se firmava o povoamento,
Como essencial e vital elemento

39

Da notável conquista portuguesa,
Quando uma grande massa de imigrantes
Com realismo considerava a proeza:
Já não mais temerosos como dantes,
Com afinco passaram a buscar riqueza,
À vista das novas condicionantes.
Podiam os invasores bater palmas:
Chegavam os brancos a quinze mil almas

40

Antes que o Dezesseis estertorasse.
Do elemento português, os primeiros,
Se a faixa de ocupações se buscasse,
Tinha de donatários a sesmeiros,
E gente do comércio que ligasse
Os simples, como ourives, merceeiros,
Ou pequenos negociantes plebeus,
Aventureiros, sefardins judeus,

41

Já se vinham tornando comentadas
A opulência e a riqueza coloniais,
As vitórias das primeiras entradas,
A força das cidades principais,
Vivas, formosas e fortificadas,
Cercadas de cuidados especiais.
No horizonte o Dezessete se abria,
E expectativa séria difundia.

42

Mantinham sua presença os lusitanos
Ao norte, com muita imaginação,
Trazendo logo nos primeiros anos,
De Maria de Belém, povoação,
Cinco centos de casais açorianos,
E aos magotes também ao Maranhão,
Política de um Portugal patrono,
Presente, na presença do colono,

43

Que ao sul, na colônia do Sacramento,
Um século depois bem prosseguia
A se implantar com aquele mesmo intento,
Que nascera da idéia mestre e guia
De às ilhas dos Açores dar alento
Na imigração que, forte, prosseguia.
E assim o sangue açoriano se expande,
De Santa Catarina até o Rio Grande.

44

Somando-se aos das ilhas residentes,
Outros mais da metrópole chegavam,
Cada vez mais ampliando os contingentes
De reinóis que aventura procuravam,
Informados das carências prementes
Do Mundo Novo, do qual se apregoavam
Tantas promessas e virtudes raras,
Cheias de oportunidades tão caras.

45

Partiam de Trás-os-Montes, do Douro,
Do Minho, do norte de Portugal,
Num caminho secular que, vindouro,
Iria se estender em natural
Processo, do qual o momento de ouro
Seria no Dezenove, afinal.
Um quarto de milhão de lusitanos
Ao Brasil chegaram naqueles anos.

46

O branco português levou consigo
A base da cultura material.
Na arquitetura, da família o abrigo,
De inspiração plebéia ou patriarcal,
Na possível batalha com o inimigo,
O forte, construção fundamental.
Moçárabes varandas, componentes,
Se juntam, nas influências evidentes

47

Da presença da criação muçulmana,
Como as rótulas e os balcões gradeados,
O muxarabi na janela urbana
Ou rural, abrindo para os fechados
Pátios, à moda nobre ou provinciana,
Projetos com freqüência embelezados
Com elementos da construção francesa,
E alguns outros da tradição chinesa.

48

Raras eram as casas de pedra e cal
No reino, sendo muito mais comum
O auxílio da taipa, bom material,
Assim como de pedra e barro, e algum
Recurso ao adobe, que era, afinal,
Como a taipa, de origem, sem nenhum
Risco de erro, romana e sarracena,
Posta na divisória ou na empena.

49

Foi o barro usado na construção
De edifícios públicos e conventos,
Fortins, igrejas de taipa-de-mão,
Torres, casas nobres e complementos,
Também feitos em taipa-de-pilão,
Prática presente nos elementos
Bem comuns, desde os beirais às cimalhas,
Em paredes, muros e até muralhas.

50

Mas trouxeram os reinóis a cobertura
De telhas de barro, que em Portugal
Era usada na rica arquitetura,
Sendo nos campos muito mais normal
A giesta, o colmo, ou simplesmente a pura
Tábua aparelhada, na forma usual.
O emprego no Brasil para esse fim,
Era de palma, de ervas, de capim.

51

A prática da colonização
Lusa tratava como primordial
A vasta presença da ostentação,
Dos metais preciosos, e no essencial
Do serviço doméstico, a função
Da prata era de cerimonial
Presença, trazendo luxo à riqueza
Em que se cevava a dita nobreza.

52

Do conforto, porém, não se cuidava,
Manifestando-se, aparentemente,
Mesmo nas residências que ocupava
O dinheirudo, como indiferente,
Porém que pessoalmente se esmerava,
Muito contumaz e insistentemente,
Com lâmpadas e alfaias se cercando,
E riquezas artísticas comprando.

53

E as divisões de nossos municípios,
Por entre as sedes e vários distritos,
Também sofreu a influência dos princípios,
Vigentes no país e nada estritos,
Que figuravam nas quintas, nos sítios,
Nas aldeias, nas vilas, e em infinitos
E variados modelos de cidades,
Mas sempre com as mesmas tipicidades.

54

Na Metrópole, do povo as moradas
Ficavam freqüentemente vazias,
Porque contíguas mas semi-apartadas
Das aldeias, que em domingos e dias
De festas se achavam mais concentradas
Das gentes, em busca de tropelias.
As possíveis diferenças locais
Eram geográficas, não culturais.

55

Também dos portugueses foram herdadas
A ordenação própria das povoações,
Aquedutos, alamedas, calçadas,
Mercados, chafarizes, divisões,
Fortins, adros com igrejas dedicadas,
Arrabaldes, bairros e quarteirões,
Ruas largas, vielas, travessas, cruzeiros,
E pelourinhos, praças e terreiros.

56

Inverteu-se a hierarquia social,
A nobreza, com nível inferior
Ao do clero, porque, do poder real,
Precisava sempre de algum favor.
Existia um fastígio clerical,
Aceito, sem questão, pelo fervor
Popular, que por fé e por bondade,
Amava sua riqueza e santidade.

57

Poucos eram os solares com grandeza,
Principalmente se bem comparados
Com o que dispunham de grande riqueza
As igrejas, de interiores pintados,
Pratas, e a delicada sutileza
Das imagens dos santos encarnados,
Dos querubins e das talhas douradas,
Sacristias ricamente tratadas.

58

Pouco amigo da terra, o português
Seria nas cidades artesão,
Na escala social, mais que o camponês,
Sujeito pelo fisco à vexação,
Sem condição, sem futuro, sem vez,
Desprotegido da legislação.
Assim, a escravidão era tratada
Como solução muito bem chegada.

59

Não tinham os reinóis o hábito rural,
Praticantes que eram da atividade
Mais própria da vida urbana, em geral,
Ou mesmo preferindo a caridade,
Vivendo na vadiagem mais total,
Distantes da responsabilidade.
O ouro e as pedras se tornaram miragem,
Para eles se encherem de coragem.

60

A busca de produtos tropicais
Por parte da Europa civilizada,
Tornava procurada, mais e mais,
A terra, por tal fim condicionada,
De usos previstos não tradicionais,
Mas próprios, sendo a eles destinada.
Agricultura, mas sem ruralismo,
Engenhos, burgos fortes, formalismo

61

Quase urbano para a população,
Vida econômica e social fechada,
Núcleos importantes de habitação
Em torno da produção ocupada,
Centros próprios de civilização,
De situação solidária e engajada.
A forma de trabalhar ajudava
O reinol, que a rural abominava.

62

Entre os meios comuns de transportar,
Da simplicidade à graça faceira,
Vieram os coches, as cadeiras de arruar,
O palanquim, o bangüê, a liteira,
Incômodos alguns por baloiçar,
Carregados pela frente e traseira,
Dando ao passageiro desabituado,
A sensação de em terra estar mareado.

63

O vestuário era o emblema assinalado,
Uma forma comum de indicação,
No trato do estofo e feitio, do estado
De fidalgo e plebeu, ou condição
Mais distinta do peão assalariado,
Pelo conjunto da apresentação.
Que não se confundisse o senhor feudal
Com um simplório trabalhador braçal.

64

A herança não-material se plasmou
Pela transmissão do patriarcalismo,
Nos variados sentidos que englobou,
Do sistema escravo ao latifundismo
Agrário, que, prosseguindo, acabou
Formando as bases de um catolicismo
Muito doméstico e conservador,
Como convinha ao fidalgo e senhor.

65

E se importou um folclore cristão,
Semi-religioso e sobrevivente,
Com bruxa, sereia, fada, papão
E moura ou feiticeira, persistente,
Vestígio-mito do mundo pagão
Novas vias cursando, ressurgente.
Eram cultos, crenças e divindades,
Que se plasmavam nessas entidades.

66

Lendas, costumes e superstições,
Reminiscências de antigo sentido,
Incorporadas sem mais provações
E tendo a mágica como partido,
Soma amalgamada das religiões
Pagãs com a cristã, num sistema unido.
Celtibero cristianismo do povo,
Fazendo celebrar no antigo, o novo.

67

Todo um procedimento popular,
Contos e estórias de todos os santos,
Orações e amuletos de afastar
O belzebu, e cantos e acalantos
De amor à natureza, de aplacar
Temidos riscos de infernais encantos.
Folclóricas razões de fundas raízes,
Num sincretismo de fortes matizes.

68

E foi assim que o português chegou
Ao Brasil, trazendo também consigo
O sangue branco mesclado que usou,
Ao transformar o selvagem num amigo,
Para formar o povo que acabou
Tornando o vasto território o abrigo
Da vitória e do sucesso mestiço,
Na negaça do arianismo postiço.

69

É o Brasil herdeiro de Portugal:
Do Portugal das ferozes conquistas,
Do simples Portugal municipal,
Do antigo Portugal dos monarquistas,
Do glorioso Portugal medieval,
Do eterno Portugal dos intimistas
Da grandeza que tem no coração,
E do amor, da aventura e da paixão.

70

Limites fixados por meridiano
Com os espanhóis, o Brasil escapou
Até que no domínio castelhano,
Quando o poder português claudicou,
Logo vieram invasores ano a ano,
Fato do qual Castela bem cuidou:
Rompiam de Tordesilhas o tratado,
Cortando a linha sem nenhum cuidado.

71

Bastante antes, foi o norte invadido
Com expedições descendo o grande rio,
Havendo todo o esforço se perdido
Com a inclemência do meio e o desvario
Da luta contra os índios, sem sentido,
Num espaço conquistado no vazio.
Os espanhóis muito pouco deixaram
Por lá, onde presença não marcaram.

72

Mas foi bem depois do descobrimento,
Quase dois séculos já decorridos,
Que, criada a colônia do Sacramento
Do sul, foram por eles decididos
Novos caminhos de deslocamento,
Então mui tenazmente percorridos.
As províncias do sul foram visadas,
Estando só por espanhóis cercadas.

73

Nos albores da colonização
De Santa Catarina, o litoral
Náufragos recebeu, da expedição
De um certo João Solis, que, por sinal,
Precedeu outros de igual extração,
Todos com o mesmo destino final.
Até um pretenso governador
Se empossou, com tranqüilo despudor.

74

Foi de onde para o Paraguai partiram,
Em meados do Dezesseis, penetrando
Até Assunção, os que decidiram
Prosseguir, para trás assim deixando
Centos de homens, dos quais muitos se uniram
Com mulheres índias locais, procriando.
Herança espanhola sim, com certeza,
Há na região, de clara natureza.

75

O fim do Dezessete se marcou
Com a chegada de um maior contingente
De espanhóis, em processo que fixou,
Primeiro, ao aportar em São Vicente,
Grupo multiplicado, que acabou
Em troncos vários da paulista gente.
Eram homens das Astúrias, de Leão,
Eram o aragonês como o catalão.

76

Bandeirantes e tropeiros paulistas
Unidos a portugueses senhores,
Em lutas militares de conquistas,
Movidos por históricos pendores,
Marcharam para o sul, então com vistas
De ao Rio Grande, fortes lutadores,
Oferecer seus préstitos e empenhos
Para expulsão dos estranhos portenhos.

77

Para sempre ficou no sul marcada
A presença importante da cultura
Da Espanha, no gaúcho assoberbada,
Junto à açoreana e índia, de mistura,
Gerando a conseqüência ornamentada
Que vibra na local literatura,
Na música, nas artes em geral,
Componente do orgulho nacional.

78

E maior foi a imigração seguinte,
Voltada para o sul principalmente,
Pequeno proprietário, contribuinte
Da produção rural, mas não somente:
Fez-se no meio urbano, e com requinte,
Ator da vida nacional presente.
É certa a influência hispano-americana,
Na fusão índia-ibero-africana.

79

Os franceses têm origens raciais,
Da Europa, certamente as mais variadas,
E do homem mais remoto, os principais
Fósseis foram descobertas tornadas
Sucessos puramente excepcionais,
Por entre todas identificadas.
Os cromagnóides são puros exemplos,
Do registro abissal dos homens, templos.

80

Dos grupos componentes mais falados,
Fenícios, lígures, cartagineses,
Celtas, aquitanos, bascos, contados
Alguns mais que se tornaram franceses,
Que como povos germânicos dados,
Participaram também dos ingleses:
Suevos, alamanes, cimbros, saxões,
Como normandos, francos, borguinhões.

81

As costas brasileiras receberam
Franceses corsários e traficantes,
Incursões com que se estabeleceram
Burlando os portugueses dominantes
Que com ferocidade os combateram,
Bem seguros, por serem mais pujantes,
Na Guanabara, em margem ocidental,
No Maranhão, na França Equinocial,

82

Com o nome de São Luís na capital,
Homenagem maior à raiz gaulesa,
Cuja presença não longa e parcial
Não se transformou em maior empresa,
Mas certos traços deixou no final,
Contidos na cultura, com certeza:
Colônias de huguenotes calvinistas,
Não foram muito além de tais conquistas,

83

Buscando logo o lucro que pudessem,
Por lhes faltar ao lado as feitorias,
Na forma portuguesa, que lhes dessem
Apoio e base das piratarias.
Tal carência não impediu que tivessem,
Porém, sucesso com as especiarias
Do pau-brasil e das demais riquezas,
Cobiças passionais das vãs nobrezas.

84

Por doze anos se alongaram os franceses
No sul, em fortaleza que guardava
A barra, e de esteio fazia as vezes
Para incursões à terra, que agrupava
Defensores índios e portugueses,
Em contingente unido, que lutava
Pela completa expulsão do invasor,
A vida oferecendo, sem temor.

85

Nicolau de Villegaignon partiu
Sem resultado maior da excursão,
Mas um grupo de franceses fugiu
Para juntar-se aos locais, em união
Que por acasalamentos surtiu
Acréscimo da branca povoação.
Foi nesse período que se instalaram
No norte outros gauleses que chegaram,

86

E que por lá cinqüenta anos ficaram
Com meio milhar de homens colocando,
De variados níveis, os quais fundaram
Forte, o nome de São Luís ostentando.
Quando os mamelucos os expulsaram,
Albuquerque Maranhão comandando,
Após a partida dos invasores
Ficaram em terra muitos desertores.

87

Colonos, fidalgos e religiosos
Franceses deixaram no Maranhão
Traços de sua passagem numerosos,
Da mais completa significação
Para os pesquisadores que, zelosos,
Buscam as raízes da nossa nação.
O sangue branco francês respondeu
Dessa maneira, no grupo europeu.

88

No seu princípio era a Holanda povoada
Por germânicos de povos variados,
A leste, com a presença registrada
Dos batavos e frísios decantados,
E mais ao sul, com os usupi ocupada,
Aos sálios, saxões e francos ligados.
Seu povo se tornou conquistador
Fazendo-se sagaz navegador

89

Aos tempos das grandiosas descobertas,
Pela supremacia, das disputas,
Com a dura lida nos mares abertas
Justificando violentas condutas,
Que revelavam como eram concretas
E certas as disposições das lutas
Travadas pela colonização
Das terras, movidas por ambição.

90

Companhia das Índias Orientais,
A empresa holandesa que o comercial
Monopólio ibero enfrentar foi, tais
Sucessos teve que, presta, outra igual,
Chamada das Índias Ocidentais,
Destinou-se ao Brasil setentrional:
Bom alvo, Salvador foi atacada
Por tropa porém logo derrotada.

91

Mas cinco anos depois houve o retorno,
Que a Pernambuco se direcionou.
Era passado um terço no contorno
Do Dezessete quando começou
A segunda invasão, sem o transtorno
Da defesa que a primeira encontrou.
Navios em esquadra de vasta lista
Fizeram certa e rápida conquista.

92

Com sete mil homens na guarnição,
Olinda e Recife eles ocuparam
E se espalharam por grande extensão
De todo o nordeste, onde desfraldaram
A bandeira orgulhosa da missão.
Por quase vinte anos eles ficaram,
Nos quais notável governo fizeram
E inesquecível presença tiveram.

93

No período foram bem numerosos
Os que, por darem baixa, se faziam
Colonos da Nova Holanda, preciosos
Participantes, com os que lá viviam,
Da grande aventura, feros e ciosos
Trabalhadores que muito valiam.
Cumprindo o seu programa, a Companhia,
Mão-de-obra de todo tipo trazia.

94

Eram cidadãos livres, mercenários
E também muitos que solicitaram
Viajar, na qualidade de operários,
Assim como outros que também gozaram
Mudar, na condição de funcionários.
Aqueles que empenho manifestaram
De vir à Nova Holanda trabalhar,
A Companhia fez por ajudar.

95

Vieram chegando artesãos, sapateiros,
Mulheres de soldados, comerciantes,
Além de mercadores, taberneiros,
Mestres de vários ofícios, meliantes,
Diversificados aventureiros
E alguns agricultores, não bastantes.
Embarcaram mercenários ingleses,
Alemães, escoceses, irlandeses,

96

Tendo ficado entregue essencialmente
Aos sefardins o comércio local,
Que a construção de engenhos fortemente
Financiou, como operação normal.
Restavam os lavradores, comumente
Portugueses, no caso mais geral.
Desse domínio, as marcas culturais
Se equivalem, no todo, às materiais.

97

Artistas se empenharam na cidade,
Variando de operários a senhores,
Mudando um núcleo de promiscuidade
Em urbe bem provida de valores,
Destacados com muita habilidade:
Sendo experimentados construtores
Elevaram escritórios, armazéns,
Trapiches, casas, pontes e outros bens.

98

Dois bons palácios foram edificados
No estilo da melhor arquitetura,
Foram os caminhos bem pavimentados,
Criados jardins de esplêndida feitura,
E nas artes mosaicos foram usados,
Bela expressão da flamenga cultura.
De náutica, mestres conhecedores
Com estaleiros tornaram-se armadores.

99

Da língua, alguns resquícios perduraram
No nordestino comum linguajar,
Em estranhas formas toscas que ficaram
Nas expressões do português vulgar,
Às quais por sincretismo se ligaram
Em adágios ou no modo de falar.
Lendas populares sobreviveram,
Nomes próprios também remanesceram.

100

E não houve barreiras que impedissem
O vindo holandês de se misturar,
Levando tudo a que lhe permitissem
Com índios, brancos e negros se juntar,
Gerando assim mestiços que invadissem
Espaços e afazeres do lugar:
Mozombos, mamelucos e mulatos,
Caboclos, crioulos, brasileiros natos.

101

Variada mistura de ocupação,
Demonstra a pregressa história italiana,
No estudo simples da composição
Das levas úmbria, lígure, toscana,
Hordas alpinas da suíça nação,
E as latina, ilírica ou faliscana.
Foram depois os etruscos do Oriente
E um grupo nórdico, menos influente.

102

Antes mesmo de chegarem, imigrantes,
No caso, de importância capital,
Italianos houve alguns visitantes,
Que renome conquistaram, mundial:
De Vespúcio e Caboto, navegantes,
Homens de escol com talento genial,
Aos que foram de engenhos fundadores,
E os primos vicentinos povoadores.

103

Ao longo dos dois séculos primeiros,
Nas entradas e bandeiras famosas,
Aparecem os corajosos pioneiros,
Como em lutas de defesa, gloriosas,
Travadas com ladrões e flibusteiros,
Envoltos em campanhas perigosas.
Da colonização, nos verdes anos,
Pelo Brasil porfiaram os italianos,

104

Que no tempo também se destacaram
Nas missões de catequese dispersas
Por onde, sem poupanças, se espalharam,
Organizadas em ordens diversas.
No empenho e fé que nelas revelaram
Lutaram combatendo as reversas
Crendices da rude população,
Pregando e labutando com paixão.

105

No Dezenove um grande crescimento
Da imigração da Itália se passou:
De súbito, nasceu um movimento
Que por poucas centenas começou,
Porém, que decorrido um breve tempo,
Em centos de milhares acabou.
Mais urbano fez-se o meridional
E mais camponês o setentrional.

106

Tomaram de variadas profissões:
Podiam ser, se urbanos, sapateiros,
Hábeis nas massas das restaurações,
Alfaiates, operários, barbeiros,
E garçons, ambulantes, tecelões,
Ceramistas e alegres jornaleiros.
Já vênetos, trentinos, piemonteses,
Toscanos, lombardos e genoveses,

107

Nortistas de destino mais rural,
Em São Paulo buscaram inicialmente
Dar com o café seu passo primordial.
Mais para o sul, depois, eficazmente,
Seguiram, à procura de eventual
Ocupação, que fosse diferente:
Arroz, trigo, fumo, feijão, tomate,
A doce vinha, milho ou erva-mate.

108

A contribuição italiana é imensa
Na formação da nacionalidade:
Estende-se da curta à mais extensa,
Da mais simplória à de notoriedade,
Da humilde e discreta à feita propensa
A dar orgulho e cisma à sociedade.
Da Itália, o brasileiro sempre honrou
O sangue de ancestrais que dela herdou.

109

Os brancos alemães foram imigrantes
Que grandes brasileiros se tornaram,
No sul, mui destacados e importantes,
Os hábitos das gentes transformaram:
Como eram do trabalho militantes,
À intensa atividade se entregaram,
Do Paraná partindo e ao Rio Grande
O movimento se derrama e expande.

110

Com ao norte, raças nórdicas vivendo,
Ao sul, tipos alpinos ocupando,
No entorno, os invasores se movendo
E pelo território se espalhando,
Na Alemanha acabavam todos sendo
Germanos, e ela bem representando.
O traço de sofríveis navegantes
Trocavam com o de esplêndidos infantes.

111

Importantes viajores aportaram
No Brasil, já desde quando chegados
Da Alemanha, e cedo então reportaram
O que viram, deixando divulgados
Seus roteiros, que tanto interessaram:
Staden primeiro, depois os falados
Varnhagen, Spix, Pohl, Martius, referidos
Como cientistas muito conhecidos.

112

No Dezenove, a imigração crescia,
Chegando a alguns milhares cada ano,
Sumacas, bergantins na travessia,
Patachos arribando a todo pano.
Enquanto esse processo se fazia
Montava-se o futuro tão paisano
Do sul, com seus cortumes, serrarias,
Marcenarias, moinhos, olarias.

113

Assim, foi com colônias que se fez
A ocupação do sul pelos germanos,
Que junto com o elemento português
E os bravos e irmanados italianos,
Chegou com seu trabalho e satisfez,
Nos hábitos de vida luteranos,
As ambições trazidas de fartura,
Em clima de família e de ventura.

114

Leopoldo, Lourenço, Domingos, Sãos,
Cruz, Emília, Augusta, Silvana, Santas,
Torres, Aliança, Estrela, Dois Irmãos,
Feliz, Feitoria, Teutônia, e tantas
Colônias mais, vindas das suas mãos,
Os alemães tornaram, desde infantas,
Em sedes destinadas ao seu povo,
Nas terras distantes do Mundo Novo.

115

Milhares eram eles nesse estado,
Vivendo em tais colônias, nobremente,
Enquanto mais ao norte, bem postado,
Era o Desterro abrigo de outra gente,
Sendo em Pedro de Alcântara lançado
Um núcleo, da montanha, na vertente.
Ao mesmo tempo, em Santa Catarina,
Santa Isabel, Piedade, Leopoldina,

116

Espalhavam-se, fortes e plurais,
Seguindo vales de rios diversos,
Até que em Itajaí dois arraiais,
Situados no seu eixo, bem transversos,
Fizeram atrair os principais
Seqüentes, notórios e incontroversos:
Joinville (Dona Francisca Carolina),
E outras jóias de Santa Catarina,

117

Como Blumenau e Brusque, notáveis
Cidades de prestígio nacional,
E várias dezenas de formidáveis
Centros de grande expressão regional,
De condições agrícolas estáveis,
Com produtividade excepcional.
No tempo, para lá se deslocou
A indústria fina quando se instalou.

118

Rumo ao norte seguiram numerosos
Colonos das terras catarinenses,
Germânicos de origem, laboriosos,
Que se tornaram bons paranaenses,
E suíços e alemães, muito operosos,
Chegaram às fazendas fluminenses,
Fundando a cidade de Petrópolis,
E as de Nova Friburgo e Teresópolis.

119

Ao Espírito Santo e Minas Gerais
Terminaram esses grupos por chegar,
Gerando colônias fundamentais,
Para apenas na Bahia acabar:
Eles foram em toda parte essenciais
No esforço das terras bem ocupar.
Deverá sempre o Brasil, orgulhoso,
Ao imigrante alemão, extremoso.

120

E vieram iugoslavos, poloneses,
Tcheco-eslovacos, russos ucranianos,
Romenos, búlgaros, dinamarqueses,
Ingleses, suecos, turcos e ciganos,
Como irlandeses, sírios, libaneses,
Do norte, centro e sul, americanos.
Resta lembrar o português judeu,
O cristão-novo, em que se converteu.

121

Tiveram grande importância os semitas,
Dentre aqueles da Ásia Menor chegados,
Fossem judeus, árabes, maronitas,
Grego-ortodoxos, drusos, abjurados
Maometanos heréticos, melquitas,
Pela diáspora, no mundo espalhados.
De mascates, ambulantes, lojistas,
Tornaram-se fecundos progressistas.

122

Estava o Dezenove no final
Quando nova e importante imigração
Teve início, no derrame oriental
Transpacífico oriundo do Japão,
Que no Vinte, no seu terço inicial,
Despertava séria admiração,
E ao fim do seu terceiro quarto haviam
Chegado duzentos mil, que viviam

123

No Brasil, no começo concentrados
Em São Paulo, a começar no interior,
Às fazendas de café destinados,
Para cumprir papel renovador,
E depois, pouco mais disseminados
No território e tipos de labor.
No campo, à policultura se deram,
Nas urbes, à indústria bem se impuseram.

Canto terceiro

1

O Brasil no Dezesseis descoberto
Foi sendo pelos vindos ocupado
E tendo seu território coberto
Por capitanias, um organizado
Sistema hereditário, muito esperto,
Que a donatários do poder coroado
Distribuiu a terra gratuitamente,
Sempre em nome de El-Rei, e tão-somente.

2

Com o princípio da posse material
Feito com a divisão do território,
Foi nomeado um Governador Geral
Que, dispondo de nível decisório
Levado acima do institucional,
Continha o caráter inquisitório
Do excesso de força dos donatários,
E o mal de se tornarem perdulários

3

Do poder absoluto e concedente,
Em mãos, pelo rei Avis ofertado.
À Companhia de Jesus, recente
Empresa fundada, coube, confiado,
Sério encargo de a colônia nascente
A Cristo ter seu destino ligado.
Tão tremenda aventura colonial
Se tornava luta imensa e vital.

4

Mas o domínio espanhol sobreveio
Sobre o frágil reino de Portugal,
E a perda do controle interno veio
Quando o século chegava ao final.
A tradição de guerras interveio
E, em conflito por vezes desigual,
As primeiras colônias portuguesas
Foram pilhadas por naus holandesas.

5

Com os meados do Dezessete chegados,
Restaurada a lusa soberania,
Os territórios assim devastados
Em abandono estavam, o que exigia
Nova forma para serem ativados,
Surgindo o modelo que introduzia,
No Dezoito realizada afinal,
A mudança do Governo Geral,

6

Para se tornar um Vice-Reinado,
Que então, naquele século somente,
Foi pelos portugueses adotado,
Por entendido terem, finalmente,
Que, desde um já não recente passado,
A imensidão do Brasil certamente
Precisava de urgente ocupação,
Por meio de um plano de imigração.

7

Mal começado o Governo Geral,
Com o Dezesseis ainda pela metade,
Já se havia dado o passo inicial
Para a grande agressão à humanidade
Que se tornou a adoção infernal
Do ignóbil, convertido em potestade:
Por covardes, foram trazidos bravos
Negros d'África para ser escravos.

8

Ao comércio de madeira bastara
O escambo, com os índios, do mercador,
Mas com seu crescimento ele passara
A, do gentio, a sujeição impor.
A catequese cristã terminara,
Porém, em campanha de muito ardor,
Com, dos selvagens, a indocilidade,
Juntamente, criar a dificuldade

9

Séria e inibidora da escravidão
Dos índios, que também podiam estar
Confiantes na fuga para o sertão,
Forma de poderem reconquistar
A desejada liberdade, então.
O tráfico negro veio a calhar:
Escravos para a indústria açucareira,
Mais tarde, para a produção mineira.

10

Já em meados do Dezesseis ordenava
O rei português que, salvo em armado
Combate, quando o selvagem ficava
Ainda, no caso de ser capturado,
Sujeito a ser escravizado, estava
Ele isento, pronto a ser liberado
E tido como livre jornaleiro,
Nunca mais destinado ao cativeiro.

11

Um cerco de confuso despautério
Isolava o continente africano.
Pela Europa falavam sem critério
Que ele era inferior e desumano,
Corroído em males, envolto em mistério,
Num julgamento tolo e puritano.
Devoradores monstros, feiticeiros,
Dos entes malditos, os derradeiros,

12

Viveriam no além do litoral
Do Mediterrâneo, já conhecido.
Assombrosa floresta equatorial
Existiria em cenário temido,
Repleta de avantesmas que, afinal,
Tornavam o mundo todo espavorido.
Mas prodígios assim, com tal fascínio,
Trariam recompensas, no domínio

13

E submissão dos povos e riquezas
Do estranho e abandonado continente.
De tudo, nasceram juntas as proezas
Do retalhamento cego e impudente
Das terras, entre príncipes e altezas
Europeus, e da sinistra e indecente
Introdução, de negros, da captura,
Destinados à vil escravatura.

14

Desde o início do Dezesseis haviam
Os reis católicos recomendado
Que escravos de cor, na Espanha, deviam,
De modo claro e muito bem frisado,
Ser transferidos para onde existiam
Minas no Novo Mundo, de um forçado
Trabalho precisando urgentemente,
Na forma que propunham, rudemente.

15

A vergonha foi portanto iniciada
No Quinze, em sua forma abominável,
Sendo a Companhia de Lagos criada
Para o comércio torpe e lamentável.
Na Espanha estava Sevilha tornada
Um centro de negócios, miserável,
Para a horrenda carga dos mercadores,
De ouro em pó e de escravos, compradores.

16

Ficavam longe as nações africanas
De uma uniformidade cultural.
Muitos negros com influências maometanas
Faziam parecer como normal
Que o empório pelas rotas sevilhanas
Oferecesse um mosaico racial,
Depois desfeito na mutilação
Cultural da maldita escravidão.

17

De escravos, o vil tráfico africano
Foi comércio espanhol, principalmente.
Visando as Antilhas, cortando o oceano,
Ao México chegou, posteriormente,
Atravessando o espaço castelhano
De São Domingos, Cuba, e certamente
Jamaica, Haiti, Porto Rico, formando
A torpe mancha do espraiar nefando,

18

Pela América espanhola estendida.
Depois, por artes da coroa inglesa,
A carga negreira foi prosseguida
No norte, na Nova Inglaterra, em crueza
Que fora anteriormente precedida
De idêntica decisão portuguesa.
A ordem era de negros submeter,
E simplesmente tempo não perder.

19

Da negra escravidão, os resultados
Se fizeram de tal forma importantes,
De ótimos e eficientes, tão chamados,
Que novos empreendimentos prestantes
Do tráfico foram providenciados,
Na expansão dos serviços infamantes:
Companhias holandesas, inglesas,
Francesas, brasileiras, portuguesas.

20

Nos mercados europeus, os cativos
Eram ofertados pelos vendedores
Com bois, porcos e cavalos, em ativos
Leilões, depois dos quais os compradores,
De todos, saboreando os atrativos,
Convertidos em seus novos senhores,
Levavam juntas as peças compradas,
Sem diferenciação, arrematadas.

21

A Europa queria, de climas quentes,
Produtos de caráter tropical.
Povos, de fumo e café exigentes,
Como de açúcar, luxo principal,
Da fibra de algodão feitos carentes,
Consideravam ser mesmo curial
Que fossem procurar mão-de-obra ativa
Destinada à produção extensiva.

22

Primeiro, recorreram aos degredados
Que a coroa portuguesa mandava
Para serem nas terras empregados,
Decisão que resistência encontrava
Por parte dos supostos ajudados,
Porque problemas graves provocava.
Era o roteiro para a escravidão,
Via sinistra da sua adoção.

23

Não era propriamente novidade
O que tais portugueses praticavam
No palco brasileiro, em realidade.
Já no Quinze, em Portugal, trabalhavam
Infelizes negros em quantidade,
Que charnecas em lavouras tornavam,
As terras cultivadas aumentando
E matas e florestas desbravando.

24

Na metrópole havia mestiçagem
Não vivida entre outros civilizados
Povos, da mais numerosa paragem
De negros africanos, irmanados
A muçulmanos de extensa contagem
De origens, vivendo, pois, misturados.
Escravos pululavam em Portugal
Na sua faina triste e desigual.

25

Famílias ricas negros sempre tinham,
Ou mouros, desempenhando serviços
Roubados da energia que retinham,
Fossem mais sadios ou enfermiços,
Exercendo tarefas que continham,
Ocupassem a mansos ou cediços,
Sordidamente, e com muita freqüência,
Do destinável a bestas, a essência.

26

Quando ao Brasil os negros começaram
A chegar, podiam montar, então,
Na corte, onde também se escravizaram,
À quinta parte da população.
Os mesmos homens que os condicionaram
E fizeram servis, nessa intrusão
De sangues e raças, tragicamente
A explorá-los tornavam, torpemente.

27

Tempo havia que na terra africana,
Ao longo do litoral da Guiné,
Se espalhava a presença lusitana
Em Príncipe, Madeira, São Tomé,
Em Moçambique, na costa de Gana,
Para vir a chegar em Angola até,
E por lá se haviam estabelecido
Num grupo fortemente guarnecido,

28

Sistema de entrepostos bem cercados
De altas paliçadas e artilharia,
A cargo de guardiões selecionados
Que se ocupavam da mercadoria
De escravos para serem embarcados
Como se fossem cara especiaria.
Do Senegal vinha pressão francesa,
Da Serra Leoa, rugia uma inglesa.

29

Tendo plena autorização legal
De engenho, o senhor, podia importar,
Por concessão vinda de Portugal,
Cento e vinte negros para trocar,
Inteiramente, ou de forma parcial,
Por selvagens, com vistas a ganhar
Aplausos pelos destes defensores,
E lucros, melhores trabalhadores.

30

E foram ondas negras sucessivas
A virem do Congo, de São Tomé,
Depois, em quantidades progressivas,
De Moçambique, Mina ou da Guiné.
Chegaram a trazer cargas abusivas
Que ao fim do século montaram até
Somar quinze mil almas no total,
Um quarto da população geral.

31

E vieram grupos negros do Sudão,
Nagôs e jejes, os mais conhecidos,
Altos, valentes, na cor de azeitão.
Hauçás, fulatás, e os mais conhecidos,
Como eles, agregados pelo Islão,
Tapas e mandingas, também sabidos
De vida privada mais regular,
Contidos e austeros, no labutar.

32

Outra família de negros passou
A chegar para Pernambuco vinda,
A banto, que pelo sul se espalhou,
Fosse como moçambique, cabinda,
Benguela ou angola, e enfim inundou
Os vales de Minas Gerais, e ainda
Toda a região do Rio de Janeiro,
Que penetrou e ocupou por inteiro.

33

Conflitos entre tribos diferentes
Geravam comumente a sujeição
De prisioneiros entre os combatentes
Derrotados, cuja escravização
Regional se processava, entrementes,
Da própria África, bem no coração:
Pobres-diabos, que afinal preferiam
Ir com os mercadores que os seduziam,

34

E os compravam dos algozes locais.
Os negros livres eram aprisionados
Com o uso de violências radicais,
Sendo todos finalmente levados
Às feitorias em formas brutais,
Bem presos uns aos outros, e escoltados.
Se doentes, tinham pescoços cortados,
Sendo da marcha, os corpos afastados.

35

Os jesuítas agiam com prudência.
Do índio, reprimiam a escravização,
Mas toleravam que a mesma violência
Se promovesse, em outra condição,
Com negros, dados com toda indecência,
Pelos sinistros sobas, sem reação.
Lutavam contra a barbárie nativa,
Julgavam eles, com falsa inventiva,

36

Pois nas mãos dos algozes morreriam,
Como diziam ser da portuguesa
Experiência, os jesuítas repetiam,
Justificando tudo, com presteza.
Depois, os negros evangelizavam,
O que trazia a cômoda certeza
De que, afinal, um bem se praticava,
E a boa fé cristã se preservava.

37

Monstruoso era o processo de captura
Dos escravos para ser embarcados
No fundo do porão da nau escura,
E, depois de a ferro e fogo marcados,
Apinhados e postos em clausura,
Ficando finalmente acorrentados
Em dolorosa e torpe privação
De higiene, e quase de alimentação.

38

O porão, medonho e ameaçador,
Sem ar, sem luz, os homens engolia.
Nos gemidos e lamentos de dor
Da multidão que ali se comprimia,
Faminta, imunda, cheia de terror,
E que, temente do açoite, bramia,
Ficava gravada a animalidade,
O opróbrio, a imensa desumanidade.

39

Decorria a enorme mortalidade
Dos escravos nos navios negreiros,
Pela virulência e pluralidade
Das moléstias que ao longo dos roteiros
Os liquidavam em bem mais da metade,
E que os faziam chamar de tumbeiros.
Infecções e escorbuto os dizimavam,
Tragicamente, muitos se matavam.

40

Navios de horrendas cargas chegavam
Às cidades e principais mercados,
E os sobreviventes desembarcavam
Nus e dolorosamente tratados
Para uma seleção na qual variavam
Os preços, pois eram considerados
Seus atributos, como raça, idade,
Sexo, resistência ou capacidade.

41

E havia os sofrimentos dos castigos:
Nos tornozelos, o tronco maldito;
As máscaras, instrumentos antigos
Que o feitor mui desalmado e expedito
Aplicava junto com outros artigos,
Próprios para um torturar infinito:
Libambo ao pescoço, algemas nas mãos,
Nos pés, os cepos e machos, irmãos

42

Malditos como atrozes e aviltantes
Meios de impor pesados sofrimentos,
Ou pontapés nos ventres das gestantes,
Olhos vazados, emparedamentos
Em vida, além dos mais brutalizantes
Usos de ferros e outros elementos,
Que provocavam graves aleijões,
Inqualificáveis mutilações.

43

Não era um suplício isolado apenas:
Conforme as faltas do escravo alegadas,
Aplicavam as chamadas novenas,
Durante as quais, com as pernas amarradas,
Como também nas chamadas trezenas,
Teria o negro as costas açoitadas
Por nove ou treze noites sucessivas,
Em agressões mortalmente lesivas.

44

E nos casos em que o escravo fugia,
A uma figura muito poderosa
O dono da fazenda recorria:
Era ao capitão-do-mato, uma odiosa
Personagem que as terras percorria
Atrás do negro fujão, em penosa
E ultrajante missão que não largava
Enquanto o pobre não recapturava.

45

Um sistema aos poucos se organizou
E com o passar do tempo, tristemente
Nas fazendas e engenhos se espraiou.
Um dia por semana, geralmente
Sábado, como a prática ditou,
Soltavam-se os negros unicamente
Para pelos matos caçar comida,
Nos córregos e rios buscar bebida.

46

Era um dia de cruel compensação
E tentativa de higiene, caçando,
Buscando certos frutos de estação,
Tomando banho de rio, pescando,
Cuidando da própria alimentação,
Pois acabavam até mesmo plantando.
Idéia triste, com a finalidade
De oferecer-se falsa liberdade.

47

Foi grande a africana contribuição
Para que a economia se fizesse,
Na agricultura, na mineração,
Na vida familiar, onde pudesse
A mucama, na humilde submissão
Que o bem da casa-grande lhe impusesse,
Servir ao senhor branco, explorador
Do seu trabalho, sua vida, sua dor.

48

Na lavoura extensiva, a servidão
Terminou, afinal, com a conseqüência
Inevitável da concentração
Do trabalho, causada pela ausência
De um variado esquema de produção,
Gerada por força da precedência
Daquela principal atividade,
Que englobava quase a totalidade

49

Da tosca economia colonial,
De artesãos livres bastante carente
Nas cidades e vilas em geral.
O trabalho, do escravo dependente,
Organizado como em Portugal,
Vivia na ocupação permanente
De aos ricos garantir a independência,
Oferecendo aos pobres a impotência.

50

Foi assim que se trataram os ofícios
Segundo modelos do reino vindos,
Que muitas vezes proibiam exercícios
Por negros de esforços ditos malvindos:
Aos escravos cabiam os sacrifícios
Dos trabalhos vis, tidos por bem-vindos
Porém, para os negros que os praticavam,
E que assim por gerações se infamavam.

51

Eram negros e mulatos excluídos
De ofícios legalmente destacados,
Mas sem dificuldade, protegidos,
Em reserva dos gentios, libertados,
Aos quais eram depois oferecidos,
E por eles, desde logo ocupados.
Da injustiça de tão tolo aparato
Resultou prejuízo ao artesanato

52

E à formação de mestres e oficiais
Com toda a natural diversidade,
Formando gama de profissionais
Que organizada com estabilidade,
Cheia de competências funcionais,
Pudesse desejar prosperidade
Em troca de serviços de valor,
Prestados por homens de qualquer cor.

53

O negro era o braço da agricultura.
Mão-de-obra baixa e desqualificada,
Foi no começo o centro da estrutura,
Do trabalho nos canaviais, montada,
Como as roças de tabaco e a cultura
Do café e do algodão, sobre a enxada
A ele entregue sem consideração,
Qualquer vergonha ou comiseração.

54

No Dezessete, num certo quartel,
Excedentes negros de ocupação
Urbana tiveram novo papel,
Sem perda dos grilhões da escravidão:
A condição de negro de aluguel
Para servir a outrem, situação
Que ao senhor branco despesas poupava,
Além do que, certa renda lhe dava.

55

Era comum o aluguel industrial,
Freqüentemente no Rio de Janeiro,
Ou sempre perto de uma capital,
Para trabalhar como calceteiro,
Tecelão, e na regra mais geral,
Tintureiro, canteiro e cavouqueiro.
Também havia em tais tempos de antanho
Os que eram chamados negros de ganho,

56

Que pagavam certa soma por dia
Aos senhores, para em compensação
Ter em troca a tirânica alforria
De desfrutar liberdade de ação.
Vendedores ambulantes de via,
Incumbidos da movimentação
De pesos e fardos, carregadores,
De cestas e balaios, fazedores.

57

São ricas as tradições religiosas
Que as três culturas negras preservaram.
No ritual das macumbas, tão famosas
Entre os bantos, que no Rio se instalaram;
Nos candomblés, das danças vigorosas
Que no sincretismo baiano entraram,
Junto aos orixás, dos negros nagôs,
E também dos nordestinos xangôs.

58

Da aculturação negra do banto
Ficaram práticas do espiritismo
Do Congo, com seu deus Zambi-ampungu,
Ganga Zumba de Angola, em sincretismo.
Também o zumbi e o maracatu,
E práticas comuns de fetichismo,
Na assimilação da linha de umbanda
E do seu grão-sacerdote, o quimbanda.

59

Xangô, dentro do culto religioso
Nagô, corresponde a grande orixá,
Que chega a ser quase tão poderoso
Quanto o maior dos santos, oxalá,
Em grupos diferentes mais famoso
E conhecido como obatalá.
Yemanjá e oxum, entre os femininos,
Completam a listagem dos masculinos.

60

E viva a divindade do orixá:
Loc, oxumaré, anamburucu,
Ogum, oxoce, xangô, oxalá,
Oxum, iansã, ibeji, omolu,
Ifá, oxambim, exu, yemanjá,
Mãe de orixacô, akanja-priku.
Eles se integram com o catolicismo
Em popular e lindo sincretismo,

61

De curiosa expressividade, enfim.
São Bento se confunde com omolu,
Oxalá se tornou Senhor do Bonfim,
O demônio se transformou em exu,
São Jerônimo foi de Ogum afim,
E Sant'Ana de Nanamburucu.
Oxum virou Maria Conceição,
Como Ibeji São Cosme e São Damião.

62

O culto dos santos é nos terreiros
Feito pelos sacerdotes babás,
Por uns chamados de candomblezeiros,
Por outros mais, de babalorixás,
Conhecidos também por macumbeiros,
Por babalaôs e babaloxás.
Nos rituais, o afastamento de exu
Começa com a festa, como um tabu.

63

E nos terreiros as alucinantes
Danças, para as quais o único instrumento
Que lança as filhas-de-santo cantantes
É o atabaque, geral elemento
Da liturgia dos participantes,
No quadro de pandemônio violento
Que se segue, com contorções ritmadas,
E manifestações alucinadas.

64

Nos primeiros tempos da escravidão,
A dança de inspiração religiosa
Ficara para o negro instituição
Dotada de força vertiginosa,
Que após sofrer do branco adaptação,
Inspiraria música famosa,
Por congos e batuques começando,
E no samba magistral terminando.

65

Quimbete, sarambeque, sarambu,
Cateretê, batuque, candomblé,
Jongo, coco-de-jambê, caxambu,
Alujá, sorongo, batucajé,
Chiba, cana-verde, maracatu,
Cambindas, tambor, lundu, jeguedê,
Ao som de urucungo, cuíca, batá,
Agogô, aguê, ilu ou ganzá,

66

Elementos da rica coleção
Que instrumenta a música brasileira,
Em grupo de elevada variação,
Que ainda traz o reco-reco, a peneira,
A matraca, o chocalho, o tambor-meão,
O berimbau, a marimba maneira,
O guaiá, o pererengue tambor,
O pandeiro, o bumbo, o quirimbador.

67

Mas de tudo, a formidável criação
Foi a grande música popular,
Que goza de total aceitação
Em todo o mundo, que a soube adotar,
Como também, na rua ou no salão,
No seu batuque, gingar e dançar.
Grande samba de Angola, excepcional
Expressão da música nacional.

68

Mas não se esqueça a umbigada em fileira,
E o famoso jogo de vadiação,
A tremenda e insuperável capoeira,
Luta no estilo de aproximação.
Também de Angola vinda, por inteira,
Ritmada, com pontos de marcação.
É a herança musical que recebemos,
E que à grande raça negra devemos.

69

É conhecida a presença africana
Na vária indumentária nacional.
A região sudanesa-muçulmana
Trouxe o balangandã sensacional,
Que com brincos e a figa nigeriana,
Rodilhas e turbantes em geral,
Colares, braceletes e argolões,
Definem belas ornamentações,

70

Adornos que dão sempre o que falar,
Além das saias e chales listados
Que o traje baiano vão completar,
Deixando fortemente registrados
Seus traços de elegância popular
Nos expressivos vestuários usados,
Onde os processos aculturativos
Dos negros figuram bem expressivos.

71

Mais forte que a expressão da indumentária,
Vinda de procedência sudanesa,
Tornou-se a deliciosa culinária
Que, ao lado da presente portuguesa,
Participou de forma extraordinária,
Com toda a sua autêntica riqueza,
Para, conjugada à índia e à estrangeira,
Conformar a cozinha brasileira.

72

E assim chegaram o xinxim, o ataré,
O bobó, o ipetê, o vatapá,
O aberém, o oxoxó, o acarajé,
O oguedê, o amorí, o arroz de hauçá,
O olubó, o ebó, o efun-oguedé,
O eran-poterê, o aluá, o acaçá,
E mais o ado, o beguiri, o ecuru,
Com o efó, o omalá e o caruru.

73

A grande vergonha da escravatura
Roubou dos negros a oportunidade
De viver outro traço de cultura
Própria, por ausência de liberdade:
O da construção e da arquitetura.
Da servidão, na vil fatalidade,
Mocambos, em reduzidas escalas,
Faziam os prisioneiros das senzalas.

74

E assim, integra o negro a realidade
Da condição humana e cultural
Da brasileira nacionalidade,
De África, emissário continental,
Vencendo a boa luta da verdade,
Travada contra a mentira racial.
Sangue e suor demarcaram sua passagem,
Deixando em todo o mundo essa mensagem.

75

Negro chegado, negro brasileiro,
Artífice da história nacional,
Trabalhador santo, querido obreiro,
Edificador de fundamental
Obra, no território, por inteiro,
Do Brasil, de relevância sem igual.
Bendita seja sua mão nodulosa,
Guardem os orixás alma assim preciosa.

76

Sudaneses atlânticos, eubá,
Nagô, fanti, jeje, fon, ijebu,
Angola, landim, monjolo, ijexá,
Marrim, popo, muxincongo, ketu,
E os islamizados bambara, hauçá,
Anecho, tapa, mandinga, bornu,
Fula, gurunxi, que Deus vos proteja,
Que o cuidado dos céus convosco esteja,

77

Como também com os bantos, certamente,
Do cabinda, do angolano loquaz,
Mestre capoeira, amaneirado, ardente
Enganador, quimérico, falaz,
Fértil de certas manhas, indolente,
Mas para tantos serviços capaz,
Aos congos, da África meridional,
E angicos, da contracosta oriental.

78

Homem negro, que tão desrespeitado,
Caçado como animal, agredido,
Explorado, zurzido, violentado,
Espancado, maltratado, punido,
Apesar de pelos céus abençoado,
E que por Deus jamais será esquecido,
O maior dos santos, grande oxalá,
Na eternidade, por ti velará,

79

Fazendo, como já fez, que a nação
Venha contigo ter interminável
Dívida, que somente a comunhão
Do povo parecer faz suportável,
Aprendida que ficou, tua lição
De amor e de coragem insuperável.
A verdadeira história brasileira
Revela essa verdade, por inteira.

Canto quarto

1

A inigualável e espantosa grandeza
Das terras descobertas no Ocidente,
Na busca da coroa portuguesa
De fuga dos problemas com o nascente,
Que resultou, pelo desvio, a proeza
De virginais, encontrá-las no poente,
Tornaram-se a sonhada solução
De uma oferta de divina dação.

2

De Portugal, por mil léguas distando
Na parte norte de seu litoral,
Com assombrosa natureza variando,
Por formas e matizes de vital
Esplendor, se o rumo do sul tomando,
Tiveram as novas terras capital
Destino, não só para Portugal,
Mas para toda a aventura global.

3

Se o antigo mundo plano se encurvou,
Rindo da estupidez da Inquisição,
Que o fulgor de Pitágoras negou,
E se de Galileu, a humilhação,
Que na injustiça ímpia se forjou,
Converteu-se em grandiosa redenção,
Nunca havia a geografia de antanho
Passado por um teste real, tamanho.

4

Como que então, um continente havia,
Iluminado, tropical, radioso,
Ao largo da Europa vetusta e fria?
No horizonte longínquo e misterioso
Aquela realidade existiria,
A debochar do mundo poderoso
Pelos homens criado, com divindades,
Luxos, ambições, loucura e crueldades?

5

Sendo portanto fermoso e imponente,
Teria um ventre incapaz e mesquinho,
Ou dadivoso, fidalgo e clemente?
De riquezas, teria um imenso ninho,
Ou nas entranhas, seria um impotente?
Aguardaria ansioso, ali sozinho,
Que as dádivas do seu corpo atraíssem
Homens que a mais fera ambição possuíssem?

6

Não, não seria apenas assim não!
Os traços que revelavam a beleza
Natural encontrada eram a expressão
Aparente da esplêndida grandeza
De uma verdade em glorificação:
Véu diáfano, ocultando com nobreza
Um quase que infinito poderio,
Para os homens, razão de desvario.

7

Penetrar o refúlgido esplendor
Com que a natureza se apresentava
Era o caminho simples, redentor
Da opulência que, muda, se guardava
Esquecida, num milenar torpor,
Aguardando o que dela se esperava.
Muito difícil era antecipar
O que o destino estava a encaminhar.

8

Aos tempos do grande descobrimento,
Já as projeções de Mercator mostravam
Aos lusos o valor do surgimento,
Que, pelos meridianos que deixavam
Distante no oeste longínquo o tormento
Espanhol, e dessa forma acalmavam
O rival ressentimento, fadado
Era a ter grande futuro marcado.

9

Foi só depois de as terras adentrar,
O escravo índio fujão, na malsinada
Caça, ou tempos após ao penetrar
O interior, com a estrutura organizada
Das bandeiras, que se pôde informar
O colonizador da inesperada
Fecúndia das imensidões achadas,
Das opulências inimaginadas,

10

E a súbita visão do alumbramento
Nas serras de recorte deslumbrante,
Esplêndidas, com a luz do firmamento
Na rocha urdindo um brilho rutilante,
Florestas que continham o portento
De um fausto de tal modo emocionante,
Que a vida, mesmo quando vegetal,
Rugia, como se fora animal.

11

Correndo, rios-mares portentosos,
Climas, dos temperados a hibernais
Do centro ao sul, até os calorosos
E dourados eflúvios tropicais
Que banham todo o norte, em luminosos
E incomparáveis efeitos termais,
Prenhes seu solo e ventre em minerais,
Guardas de fortunas monumentais.

12

As impressões, de início primitivas,
Ao longo dos anos se aprofundaram,
Tornando as imprecisas e instintivas
Previsões, que no começo tentaram
Medir a posse, mais indicativas,
Mostrando resultados que brindaram
As gerações que, por acreditarem,
A audácia fez o oceano atravessarem.

13

Era um prodígio o que se oferecia
No faustoso bojo da realidade:
Discreta, cheia da sobranceria
Consciente e própria da sua verdade,
A Terra de Promissão parecia
O próprio brado da oportunidade.
Um quadro simples se pode pintar
Para tal situação representar.

14

Quilômetros quadrados de abastança,
Bem medidos oito e meio milhões,
Prenunciavam inata liderança
Num concerto com todas as nações.
A formação antiga tinha a herança
De geologia livre de vulcões,
Placas tectônicas, deformações,
Sem maremotos, sismos e erupções,

15

Com extensões da era proterozóica
Pelos períodos arqueano e algonquiano,
Sendo também grande a da paleozóica,
Vinda do siluriano e do permiano,
E depois a recente mesozóica,
Que com ela trouxe o poder soberano
Do hidráulico potencial de energia
E do petróleo, libertário guia.

16

Do fundo das primeiras recebemos
As benditas jazidas minerais
De ferro, chumbo, níquel, dos supremos
Diamante, prata, ouro, e das demais
Pedras ditas preciosas, que devemos
A tais profundos tempos abissais.
Quase todas as principais jazidas
São a essas longínquas eras devidas.

17

O tempo paleozóico ofereceu
Calcáreos, arenitos e carvão,
Na imensa zona em que prevaleceu
Do Amazonas do norte ao Maranhão,
Nos estados do centro em que ocorreu,
E ao Rio Grande do Sul, em extensão.
São dele os grandes veios produtores
De hulha, como os de xistos provedores.

18

A fase mesozóica fez nascer
As formações do sul sedimentares,
Com natureza pronta a responder
Com as grandes quedas espetaculares
Que tantos rios podem oferecer
Em muitos e belíssimos lugares:
De Urubupungá, Cachoeira Dourada,
A Marimbondo, à Iguaçu encantada.

19

Tal fase mais recente promoveu
Derrames ígneos de grande extensão,
E a formação rochosa que ocorreu
Com as serras costurando o chapadão,
E mesmo às terras férteis se estendeu,
Com do basalto, a decomposição.
São dela as terras roxas proverbiais
E famosas belezas naturais,

20

Havendo no período se formado,
Na América do Sul, o magistral
Recorte do relevo, do elevado
Espinhaço dos Andes ao central
Grupo de serras que foi levantado
Com as que seguem o lindo litoral
Que, no Atlântico, fornece a paisagem
Primeira da mais brasileira imagem,

21

Com sete mil quilômetros de costa,
Confiante face para o Velho Mundo
Voltada, mui serena e bem composta,
Sabendo-se um condizente e fecundo
Caminho no preparo da resposta
Que o homem precisa dar ao mais profundo
Anseio que perturba a humanidade:
No êxtase vital situar a Verdade.

22

Com oito imensas bacias principais
É o Brasil um excepcional bem-dotado
Depositário de meios fluviais,
Que perfazem um percurso avantajado
Em férteis extensões territoriais,
Nas quais podem ter curso navegado:
Quarenta mil quilômetros ou mais
Percorrem-se nos rios nacionais,

23

Que em outros trechos, em alta turbulência
Das águas, têm um impulso gerador
De energia de colossal potência;
Também entre o Capricórnio e o Equador,
Domínio da expressiva competência
Tropical de seu clima, que é fator
Definitivo para a exploração
Da economia rural da nação,

24

Há o norte, úmido e quente, equatorial,
Abrigo da amazônica abundância,
Latejante no aparato vital.
Com ele se confina, larga, a substância
Da imensidão do planalto central,
Na muito típica baixa variância
Das qualidades e das expressões
Das duas existentes estações,

25

Com verão quente e chuvoso e a passagem,
Em transformação marcada e notável,
Direta a períodos de longa estiagem,
De temperatura bem pouco estável,
Espécie de inverno, chamada friagem:
Riqueza natural imensurável,
Onde um tesouro animal comemora
A desmedida fortuna da flora.

26

País enorme, de climas diferentes,
Complementares na diversidade,
Estendido em regiões frias e quentes,
Vestido de florestas na metade,
Ou campos limpos e as áreas seqüentes
Do cerrado de baixa densidade
De arborização, que profunda escondem
A fertilidade com que respondem

27

Às utilizações mais controversas.
À imensa floresta multiformada
Por madeiras tão nobres quão diversas
Seguem a menor de várzea, povoada
De palmas e seringueiras dispersas,
E a chamada igapó, mata alagada,
Ambas com espécies várias e estimadas
E sempre bastante valorizadas.

28

Às florestas ditas equatoriais,
De proporções de vulto majestoso,
Se seguem outras menores tropicais,
Muito afeitas de um regime pluvioso,
De espécies mais esguias, marginais
Da costa, além das de um menos chuvoso,
Com adensamento menor, no interior,
Mas vasta extensão e grande valor.

29

Pela região do Planalto Central,
Se encontra a vegetação do cerrado,
Que em alguns trechos atinge o litoral,
Em outros, já para o interior voltado,
Vai tocar a floresta tropical,
Com aspecto de duplo estrato dotado,
O primeiro, arbóreo, de baixa altura,
Cujas raízes fundas, na secura

30

Do meio, pelos estios, se entregam,
A em lençóis d'água, enfim, se abastecer;
O segundo, com tufos que se expressam
Por gramíneas rasteiras a perder
De vista, com percursos que entremeiam
Espécies com galhos a retorcer
Por sobre troncos curtos e sofridos,
Grossas cascas, de aparência, sentidos.

31

E o pantanal com seus buritizais,
Seus quebrachos de importância extrativa,
Os campos com pastagens naturais,
Vegetação rasa não arbustiva,
As transições de lindos palmeirais
E a zona litorânea tão altiva,
Com seus maravilhosos manguezais
E a visão tranqüila dos coqueirais.

32

Ao sul, ficam as matas subtropicais,
Nas fronteiras mais extremas nascidas,
E se estendendo até Minas Gerais.
Nelas são a imbuia e a peroba incluídas,
Com o cedro, araucárias e pinheirais,
Madeiras estimadas e queridas,
Patrimônios naturais relevados,
Da terra, filhos bons e afidalgados.

33

Alcançado o extremo meridional
Um novo panorama se apresenta,
De condição já não mais tropical,
Brando verão e inverno que sustenta
Nas elevações, em seu ciclo anual,
Temperaturas baixas, com que ostenta
Formosas várzeas cobertas de geadas,
Zonas montanhosas, onde há nevadas.

34

A fama das riquezas minerais
Da terra correu mundo desde os anos
Em que procurou-se prata, e ademais,
As esmeraldas dos sonhos paisanos,
Com ambições, sôfregas como jamais,
Agitando simplórios e tiranos:
De águas-marinhas, turmalinas, ouro,
Topázios, diamantes, era o tesouro.

35

Chegado o Dezenove, em seus albores,
Mil toneladas de ouro produzidas
Deveriam ser, sem quaisquer favores,
Enquanto em outras lavras extraídas
De acordo com registros e louvores,
Conforme em documentos referidas,
Mil e trezentas libras de diamantes,
Sucesso em parte alguma visto antes,

36

Que gerou um código draconiano
Visto com terror pelos habitantes
Da região mineira, causando um insano
Temor das punições que eram constantes,
Como as impostas a qualquer fulano
Que usasse meios dele discordantes.
Praticou-se então a "real extração",
Um monopólio dessa exploração

37

Comemorado como sensação
Na Europa pelos reis da cristandade
Apoiados pelo papa de então,
Que enviou seus votos de felicidade
Ao luso rei, pela revelação.
A produção foi de tal quantidade,
Que os valores se desequilibraram
E os preços de exportação se aviltaram.

38

Serviam a coroa intermediários
Como seus oficiais exploradores,
Das jazidas legais arrendatários,
Sendo chamados de contratadores.
Tornaram-se eles grandes milionários
De imenso poderio e detentores
De comentado e exótico prestígio,
Incomparável, luxuoso fastígio,

39

Como de João Fernandes, o afamado
Creso da história que ficou lendária,
Por comitivas sempre acompanhado,
Fazedor sabido de obra suntuária,
Da mulata Chica da Silva amado,
Dele feita de paços proprietária.
As fortunas que foram assim construídas
Deram em obras socialmente perdidas.

40

Mas o ciclo que estava destinado
A ter muito maior repercussão,
Havendo a economia estimulado
Com sua mui rentável produção,
Foi o do ouro, que acabou encontrado
Dentro da fase da mineração.
O metal brasileiro contribuiu
Para o modo com que tudo evoluiu

41

No período, de forma decisiva:
Não permitida a entrada de estrangeiros
Na lavra, a concentração exclusiva,
Em mãos dos autorizados mineiros,
Resultou na poderosa e expressiva
Acumulação que os aventureiros
Ofertaram ao continente europeu,
Levado dessa forma ao apogeu,

42

Tendo, do Dezesseis, sextuplicado,
Até o final do Dezoito, a reserva
Do metal que nele foi aplicado,
Tomado do solo da pátria serva,
Fazendo o tesouro inglês preparado,
Como o histórico econômico observa,
Para, com o que vinha de Portugal,
Chegar a ter o controle mundial

43

Do recente regime monetário,
Tornando, em definitivo, alterado
O vigente sistema estatutário
Que regulara até então o mercado
Europeu, que ficara fiduciário
Sem base e, por certo, muito antiquado:
Feição nova da civilização
Da Europa para sua exportação,

44

Dando fundamento ao mercantilismo,
Doutrina de pura acumulação,
Conhecida em França por colbertismo,
Desdenhado pela Revolução,
Mas que teve o efeito do expansionismo,
Indispensável como situação
Preparatória da fase industrial,
Herdeira da riqueza colonial.

45

Ouro da rotina tradicional
Da bateia, habilmente manejada
Sobre o cascalho de leito fluvial,
Ou das pedras das montanhas tratadas
Como se fossem de origem aluvial,
Com águas artificialmente desviadas;
Ouro que mudou a vida européia,
Lavrado por força humilde e plebéia,

46

Promovendo fase que perturbava,
Ainda no Dezessete, a financeira
Vida do mundo, quando já anunciava,
Pela mão de Montesquieu, por inteira,
A perda de valor em que implicava
A enorme produção, em rotineira
Sucessão de escalas e resultados,
Riscos e prejuízos, não avaliados.

47

Tal repercussão internacional
Deve internamente ser confrontada
Com a importância na história nacional,
Pois a população civilizada
Do interior, distante do litoral,
Foi também protegida e aculturada
Pela presença da mineração
Do ouro e conseqüente renovação,

48

Atestada por casas palacianas,
Ricas igrejas de talha dourada,
Vivências alegres, nada espartanas,
Existência cultural requintada,
Em que as salas de teatro provincianas
Molière cultuavam, de maneira ousada.
Entre o interior e o litoral, deserta,
Ficava extensa região, só desperta

49

Bem mais tarde, pelo café invasor,
Posto que outra riqueza vegetal,
O açúcar, do comércio exportador,
Tivera sua cultura original
Alinhavando a costa, onde o senhor
De engenho e os canaviais tinham, em geral,
Ao longo do tempo se organizado,
E muito firmemente se instalado.

50

O luxo que o açúcar representou,
Desde antes da era cristã cultivado,
Para o Portugal medievo, implicou,
A partir do Quatorze inacabado,
Nas ilhoas plantações que iniciou
Na Madeira e São Tomé, com mercado
Certo, por toda a Europa garantido,
E como grande especiaria tido.

51

As terras de vasta fertilidade
E o grau elevado de insolação
Fundamentaram a produtividade
Natural, que levou a produção
De açúcar a pôr à prova a unidade
Brasileira no combate à ambição
De outros povos, como com as holandesas
Invasões, chegadas com afiadas presas.

52

O tapete de cana vai cobrir
De sul a norte, incrível proporção
Do litoral, e subindo a partir
De São Vicente, onde houve a fundação
Do primeiro engenho, vai atingir
Pernambuco, no extremo setentrião.
No registro de todos os cronistas
As arrobas de açúcar quinhentistas

53

Alcançaram trezentas mil anuais,
Chegando nos Seiscentos a dobrar,
Valores muito elevados, os quais,
Bem cedo, conseguiram ultrapassar
Todo o resultado dos canaviais
Da América espanhola, e confirmar
O açúcar, sem, de erro, qualquer perigo,
Como de todos, o maior artigo

54

De então, no comércio internacional.
Açúcar, maravilha incontestada,
Sorriso doce da luz tropical,
Biológica energia ensolarada,
Primeira grande força nacional,
Riqueza fácil da terra encantada,
Grandioso vegetal centro-sulino,
Ouro alvo do massapê nordestino.

55

No tabaco, diz o padre Antonil,
O desejo sementeira fizera,
Quando em seu livro fala do Brasil,
Como do que seu consumo pudera
Ofertar, para a dança varonil
Dos selvagens, no vício e prazer que era,
Empolgar, no seu decurso aspirado,
Depois de haver fantasmas afastado.

56

O hábito primitivo conquistou
Os homens da Europa civilizada,
E em costume elegante se tornou
Com uma atitude nova, enfeitiçada,
Que a ele, prazerosa, se curvou,
Pretensiosa e molemente afetada.
O singular produto brasileiro
Ia logo invadir o mundo inteiro.

57

Difundida pelo interesse taco,
A verdadeira história mostra e argúi
A origem americana do tabaco:
Conhecido em guarani por pecui,
Ou no tupi, língua do mesmo saco,
Também chamado de pitima çui,
Foi embaixador, com encômios louvado,
Do Novo Mundo, recém-encontrado,

58

Junto às cortes e às gentes requintadas,
Mudando da liturgia ao prazer,
Como tantas transformações passadas
Aos homens, na sua arte de viver,
Com formas tidas por civilizadas,
E soube junto à Igreja defender,
Por um embaixador de Carlos Nono:
Nicot, do vício, tornado patrono.

59

Do ouro, diamantes e pedras preciosas
Teve o Brasil riqueza, promoção
E fama, nas histórias fabulosas
Relatadas e ouvidas com paixão;
Mas as imaginações cobiçosas
Trataram com muita dedicação,
Nos campos, além da cana, do gado
E do café da Abissínia importado.

60

A pecuária apareceu ancilar,
Na história brasileira-americana,
À cultura intensiva e peculiar
Daquela singular cana-caiana,
Que veio tão fortemente marcar
A atividade pouco interiorana
Com o caráter da sua exploração,
Que não penetrava pelo sertão

61

Como a multiplicação do rebanho,
À medida que, no tempo, ocorreu,
Ao longo das centúrias, desde antanho,
Adentrando, como afinal se deu,
Movido pelo interesse do ganho,
Como bem atestou e descreveu
Um grupo ilustre de grandes viajantes,
Que menciona o gado em rincões distantes.

62

Os preciosos valores litorâneos,
No pau-brasil e açúcar concentrados,
Defendidos por nossos conterrâneos,
Eram, de qualquer forma, limitados,
E além de tudo pouco consentâneos
Com a obrigação de tornar ocupados
Os espaços infindos do interior,
Condição do interesse integrador.

63

Havendo começado de auxiliares
Da amena produção açucareira,
Atrelados com cavalos e muares,
Os bois, nos vagares da pasmaceira,
Tornavam-se evidentes titulares
Ao sacrifício, de alguma maneira,
Virando em carne, na alimentação,
E em precioso couro, na exportação.

64

Foi ruminando a relva que ele entrou
Integrando o rebanho de colonos,
E as áreas abandonadas ligou
Às da costa, de onde vinham seus donos,
Processo que, sem pressa, conquistou,
Depois de esquecimentos e abandonos
Seculares, territórios notáveis,
Valores e espaços inesgotáveis.

65

Cursos d'água, lagos, brejos vadeando,
Foi-se promovendo a marcha para o oeste,
O São Francisco foi-se desbravando
Num vigoroso caminhar por leste,
Penosamente andou-se penetrando
Nas zonas secas de todo o nordeste,
Os rumos das boiadas e currais
Orientando os caminhos comerciais

66

Que se tornavam perfeitos roteiros
Em cujos cursos os cultivadores
Transacionavam com os boiadeiros,
E assim tornados em negociadores
Ligavam-se às correntes de tropeiros,
Como improvisos de novos criadores,
Em troca viva de especialidades
Que fez as bases de muitas cidades.

67

Foi certamente de gado, a criação,
Nos primórdios da vida colonial,
Nas condições de clima e com a extensão
Das terras do nosso meio rural,
Responsável pela penetração
Do processo político e social,
Fator de expansão do mercado interno
Na humilde essência do Brasil fraterno.

68

Na sucessão de ciclos, da extração
Do pau-brasil aos que se promoveram
Depois da força da mineração,
Em campos de cana e gado nasceram,
Vindos pois, de sua riqueza, em função,
Mágicos cafezais se ofereceram,
Depois do Dezenove, com vultosa
Receita, no quadro mundial preciosa.

69

Transplantado de Caiena ao Pará,
O café teve consumo local
Até fins do Dezoito, quando já,
Trazido por um juiz do tribunal,
De improviso, ou enfim, ao deus-dará,
Aparece, por fim, na Capital:
Subindo o Paraíba, o cafeeiro
Chega de vez ao Rio de Janeiro,

70

Em onda até São Paulo avança e cresce,
Invadindo o sul para prosseguir
Nas Gerais, onde também acontece.
A produção não parou de subir
E tudo se fez para que pudesse
Ser exportada, devendo sair
Por ferrovia das fazendas vinda
À capital, enriquecida e linda.

71

Nas rotas do café veio a riqueza
Forte, de qualidade excepcional,
Com a qual, da sociedade, a natureza
Escapou da condição colonial,
E pôde avançar, com maior presteza
No rumo da afirmação nacional.
No Rio se abrem desvãos da cidade,
Erguem-se as marcas da prosperidade.

72

Com mais tempo, os cafezais atingiram
O Paraná, com safra que se abriu
De tal forma — pois por lá invadiram
Uma área enorme — que se permitiu
Liderar os pioneiros, que o seguiram
Na arrancada, que o Brasil sacudiu.
Depois, Mato Grosso e Goiás, no centro,
Espírito Santo e Bahia, adentro.

73

E a terra bendita patrocinou,
Ao longo da assombrosa vastidão,
De tudo o que mais nela se plantou:
Mandioca, soja, milho, arroz, feijão,
Cacau, batata-doce, inglesa, ou
Amendoim, sisal, mamona, algodão,
Frutas de todo tipo, palmeirais,
Legumes abundantes, seringais,

74

E as mais diferentes plantas florais
Que explodem pujantes em solo nosso,
Como as deslumbrantes ornamentais,
Todas muito distintas com o endosso
De elevadas expressões comerciais,
Regidas com a grandeza do colosso
Da orquídea, em estado agreste, e cultivada,
Maravilha, por todo o mundo amada.

75

E as ricas oleaginosas daqui,
Palmeiras babaçu, dendê, curuá,
Patauá, macaúba, jupati,
Murumuru, oiticica, jatá,
Bacaba, tucumá, urucuri,
Inajá, jauari e mucujá,
São plantas de importância formidável,
Na indústria, com presença inestimável,

76

Como as imensas surpresas nativas,
Que o mundo inteiro respeita e consome,
Das naturais produções extrativas,
Como a da carnaúba, de renome
Internacional, ou das tão altivas
E mais famosas castanhas, de nome,
Reconhecidas como especiarias,
As do Pará e caju, iguarias

77

Por toda parte muito procuradas.
A riqueza prossegue com as tanantes,
Que são ricas em tanino, variadas,
Os angicos e os mangues, abundantes,
As plantas de quebracho, disputadas,
Como os barbatimões, impressionantes
Todos pelos padrões de qualidade,
Por elevado teor, e em quantidade.

78

E tantos mais vegetais recordar
Se pode, todos de muita importância,
Como a força da erva-mate, ou lembrar
Do notável guaraná, em abundância
Na Amazônia, com o gosto peculiar
Da conhecida, em quase redundância,
Mais tradicional de nossas bebidas,
Mais saboreada dentre as conhecidas.

79

A pletora de fibras naturais,
Juta, rami, caroá, linho, piaçava,
guaxima, ou as plantas medicinais
Que a fitoterapia já aplicava
Em remotos tempos imemoriais,
Estão lá, na terra que as reservava
Para os mais diversos usos humanos,
Sempre crescentes, ao longo dos anos.

80

Virado o século vinte, a energia,
Com seu consumo, passou a marcar
A vida das nações, com todavia
Uma delas ficando a comandar:
A do petróleo que cedo viria
O mundo desenvolvido empolgar.
No Brasil as bacias produtoras
Revelaram reservas promissoras

81

Em terra e mar, realidade que abriu
Ampla potência de avanço e resguardo,
Orgulhosa certeza que serviu
Para que não existisse retardo
No rumo evolutivo que seguiu
Com passo acelerado que, se tardo,
Em grandes prejuízos implicaria
E o porvir assim comprometeria.

82

Cursos d'água, rios-mares poderosos,
Urzais, brejos, vaus, lagos, alagados,
Litorais de percursos caprichosos,
Arvoredos nas serras derramados,
Planícies e planaltos majestosos,
Campinas, prados, campos, descampados,
Florestas, serras, montanhas e montes,
Oceano, golfos, cachoeiras e fontes,

83

Fauna e flora em convívio incomparável,
Riqueza mineral inconfundível,
Potência com energia inesgotável,
Com o paraíso esplendor compatível,
Afirmação vital inquebrantável,
Harmonia de rompimento impossível,
Território de força impressionante,
Presença forte, de efeito impactante,

84

Complexo de urdiduras as mais finas,
Entregue às raças dos brasis lembradas,
Ardil da grandeza, contra as ferinas
Conspiratas por anjos maus tramadas,
Notável demonstração das divinas
E superiores intenções provadas
Dos deuses, na magnífica reunião
De tanto, para a futura nação.

Canto quinto

1

No Dezesseis a história começou,
Quando as belas caravelas fundearam,
E o grupo em porto seguro atracou,
Com onze naus dentre as doze que zarparam
De Lisboa, na forma em que narrou
O piloto de uma das que chegaram.
Abril, vinte e quatro, mil e quinhentos,
Porta aberta a imprevisíveis portentos,

2

Sendo o primeiro aquela gente parda,
Como diz, "com grandíssimo prazer",
Um registro, ao lembrar não haver guarda,
Quando à terra, para a reconhecer,
Em paz, sem portar fogo ou alabarda,
O capitão um batel fez descer.
Não se entendiam por falas e acenos,
Diz, com a surpresa dos da armada plenos,

3

Que exaustos, após cruzarem milhares
De léguas, enfrentando sobretudo
Pavores e perigos singulares,
Puderam ainda se extasiar, contudo:
— A terra em si é de muito bons ares,
Para aproveitar, dar-se-á nela tudo, —
Caminha afirma na carta famosa,
Falando da terra maravilhosa.

4

O formidável Vespúcio refere,
Dois anos depois, sobre essa surpresa:
— Não têm lei nem nenhuma fé, — profere,
Pasmo: — Vivem segundo a natureza,
Cada um é senhor de si — sugere,
Para afirmar, a seguir, com justeza:
— Não necessária, não fazem justiça,
Porque não reina entre eles a cobiça.

5

Prossegue, e sobre a terra se estendendo,
Louva as folhadas árvores, nos ares
Odores suavíssimos recendendo.
Frutos deliciosos e salutares,
Com as ervas do campo e raízes tendo
Muito bom efeito nos paladares.
Do Paraíso Terrestre, estar perto,
Lembra ele que sonhava desperto.

6

A frota cabralina partiria
A dois de maio, a Índia procurando,
E com degredados se tentaria
Em viagens seguidas, ir ocupando
Espaço e trabalho, o que valeria
O resultado que se ia tentando:
Que abrissem feitorias comerciais,
De valores se enchessem os embornais

7

Daqueles que, aventureiros, faziam,
Por interesse, a colonização,
E à ordem primitiva se jungiam,
Uma etnia criando, de adaptação,
Em trabalho no qual comprometiam
As esperanças de libertação.
João Ramalho e Caramuru lideram
Os que mais profundamente se deram

8

À tarefa de as terras despertar.
Peles, araras, papagaios, eram
Os primeiros valores a explorar,
Até que em grandes quantidades vieram
O famoso pau cor de brasa achar,
De cuja venda os chegados tiveram
Sucesso imenso numa Europa ansiosa
Da ilustre madeira, nobre e preciosa,

9

Vendida como outras mercadorias,
O escravo índio, sementes, algodão,
Ombreando como meras serventias
Rivais no comércio de exportação.
Os homens largados sem tutorias
Recebiam apenas por extração:
Riquezas, quaisquer que fossem, tomadas,
Com natureza e almas esbulhadas.

10

Imperioso era o domínio guardar,
E à coroa pareceu ser prudente
Prosseguir na aventura com o arrendar
De terras do encontrado continente,
Mediante certas contas a pagar
E obrigações a cumprir anualmente.
Treze anos o sistema mal durou,
E a fase pré-colonial acabou.

11

Recorre-se enfim às capitanias,
De um engenho de açúcar se decide
A construção, feita nas cercanias,
No nordeste, de região que coincide
Com a de Recife, e que, sem acracias,
Passou a pagar tributo que incide,
Com peso, sobre o açúcar exportado,
Para onde quer que fosse mandado.

12

Portugal enriquece enormemente
Com as mercadorias que vai levando,
Seja de África ou Ásia, normalmente,
Ou então já com as que vinham chegando
Do Novo Mundo, afortunadamente
Para ele, provedor começando
A mostrar grande potencialidade,
E com bens da maior diversidade.

13

Das capitanias é precursor
Cristóvão Jaques, enviado violento,
Vindo para combater o invasor
Que começava a chegar com o intento
De disputar o achado de valor,
Muito incitado com o derramamento
Pelo Velho Mundo da informação
Sobre o êxito da nova exploração.

14

O terço do século não passado,
Martim Afonso de Souza embarcava
Com quatrocentos homens equipado,
Portando carta régia que lhe dava
Deveres a que ficava obrigado,
Direitos e poderes que citava,
Para o fim de corsários combater,
Nomear oficiais, terras conceder

15

Em sesmarias para as ocupar.
Buscou minas de ouro e pedras preciosas,
Seguindo para o sul a navegar,
Das catas, teve achadas enganosas,
E pôde naus corsárias atacar,
Travando sempre lutas perigosas.
Finalmente em São Vicente aportou,
E sua defesa bem organizou,

16

Utilizando os homens que deixou
Com lavouras e engenhos a instalar,
Subindo a serra, em zona que galgou,
Para depois de um ano, regressar
A Lisboa, onde ao chegar relatou
As peripécias levado a enfrentar.
Depois as capitanias nasceram,
Função dos fatos que assim ocorreram.

17

O sistema tinha traços feudais,
Cabendo aos donatários tais poderes
Que viravam suseranos locais,
Por força da quantidade de haveres
Com direitos de alcances especiais
Em torno de distintos afazeres.
Receberia cada donatário,
Dada com caráter hereditário,

18

Imensa gleba de terras voltadas,
A partir da costa, para o interior,
Em linhas paralelas demarcadas,
E medidas com o possível rigor.
Das receitas nelas arrecadadas
Sobre o que produzissem de valor,
Caberia uma participação
E outros privilégios de exploração.

19

Era a Índia ainda o grande mercado
Fornecedor dos bens que os cobiçosos
Comerciantes tinham se interessado
Por comprar para ofertar a fogosos
Compradores, prenhes de imoderado
Anseio de consumo, e temerosos,
Por tal causa, de um comprometimento,
Não davam apoio forte ao movimento,

20

Que da nobreza não serviu de guia,
Nem dos banqueiros internacionais,
Mas atraiu a média fidalguia,
De parcos e contidos capitais,
Um grupo que afinal ocuparia
A frente dos interesses locais,
Com doze nomes para donatários,
Improvisados semiproprietários,

21

Porém sujeitos a cartas forais,
As quais dispunham sobre as condições
Obrigatórias, em termos formais,
Que deviam regular as ações
Em nome de El-Rei, que eram especiais,
Centradas em fazer-se ocupações
Fundadas em cessões de sesmarias,
Nos amplos quadros das donatarias.

22

O donatário era o governador,
Sendo do rei, por claro, um delegado,
Que nomeava um auxiliar ouvidor,
E encarnando um supremo magistrado,
Conhecia as ações para dispor,
Proferindo sua sentença ao julgado,
Podendo mesmo à morte condenar,
Não cabendo ao condenado apelar.

23

Deviam existir nas vilas formadas
Os juízes, alcaides e vereadores,
Cumprindo funções jurisdicionadas
Com escrivães, meirinhos e inquisidores,
Junto com as autoridades nomeadas
Dos juízes-de-fora, de El-Rei pretores,
Distantes dos, da terra, naturais,
Mais infensos às pressões dos locais.

24

A coroa mantinha vigilância
Tributária, recorrendo a um feitor,
Função obrigada pela distância,
Um almoxarife, mais que provedor,
Com a metropolitana e real constância
Na presença de um mestre contador.
Muitos donatários abandonaram
A empreitada, e outros nela falharam.

25

Pernambuco a Duarte Coelho foi dada,
Veterano do Oriente, lidador,
Por carta régia em Évora firmada.
Baniu da costa o corsário invasor,
Plantou cana na lavoura povoada
Pelo mameluco trabalhador.
Prosperou a terra que lhe confiaram,
Plantadas, suas sementes germinaram.

26

Francisco Pereira Coutinho deu,
À região que recebeu na Bahia,
O que na Índia, em lutas, aprendeu.
Falhou, porém, pois a capitania
Mergulhou em conflito que a perdeu,
Interno, na própria cidadania:
Selvagens e brancos engalfinhados,
Por intrigas e paixões insuflados.

27

Pero de Campos Tourinho ganhou
Porto Seguro, e muitos bens vendendo,
Nas terras recebidas se instalou.
Por um tempo, próspero parecendo,
Caiu depois, quando se defrontou,
Mesmo seus interesses bem regendo,
Com revolta dos índios e gentios,
Dissídio geral, com grupos bravios.

28

Vasco Fernandes Coutinho vendeu
O que em lutas nas Índias amealhara
Quando o Espírito Santo recebeu,
Mas falhou e perdeu o que ganhara,
Lançado na amargura em que morreu
Quando, ao procurar o ouro que sonhara
Encontrar, teve os engenhos destruídos
Por rebeldes selvagens destemidos.

29

Foi Jorge de Figueiredo Correia
Donatário de Ilhéus que a ocupou
Por um tempo, com a autoridade alheia
De um feitor, que com esse mandato enviou.
Ouro procurou, de aluvião e veia,
Mas a capitania prosperou
Só mais tarde, com o açúcar produzido
Depois de o donatário falecido.

30

Pero Lopes de Souza foi irmão
De Martim Afonso, o grande pioneiro,
E a ambos foi dado o maior quinhão,
Com São Vicente, Rio de Janeiro,
Santo Amaro e Itamaracá, união
De terras que, com Santana, do inteiro
De quinze, cinco partes receberam,
E unidos trataram e desenvolveram,

31

Com, de cana e de arroz, muitas lavouras
Nelas promovidas, principalmente
Nas que seriam as paulistas vindouras
Terras do litoral em São Vicente,
As quais ficaram cobertas com as louras
E verdes plantações de que a nascente
Indústria do açúcar se alimentava,
Visando os lucros que o reino almejava.

32

Pero de Góis recebeu São Tomé
E por lá plantou cana e fez engenho,
Tendo um sucesso que durou até
Que os índios, apesar de seu empenho,
Queimaram as lavouras, nada de pé
Deixando, para, que fosse, um ordenho,
O que o levou o projeto a largar,
E ao comando de navios voltar.

33

Outros donatários aquinhoados
Por cartas régias jamais embarcaram,
Não se deixando fazer de rogados:
A letra morta, a doação condenaram,
Pelos demais exemplos assustados
Com os graves problemas, que os sufocaram.
De qualquer forma, a colonização
Teve início com tal instituição.

34

Terminou com meio cento passado,
Sem vitória maior a celebrar,
O frágil sistema assim implantado.
É necessário, porém, acentuar
Que mesmo havendo bastante falhado
Ele tenha podido assegurar,
Do território, a plena integridade,
E o germinar da nacionalidade.

35

A introdução do Governo Geral
Foi, quarenta e oito anos transpostos
Do século, o instrumento racional,
Complementar, com que foram propostos
Avanços ao processo original,
Na forma com que ficaram expostos
Seus desígnios na real ordenação
Que dispõe da nova organização.

36

É com esse momento coincidente
A pressão a favor da escravatura
Negra, clara ficara a surpreendente
Insubmissão da inflexível postura
Indígena, contraposta à crescente
Imposição da européia aventura.
O braço forte para o canavial
Viria da África ocidental.

37

Portugal precisava de uma ação
Pronta em defesa da conquista feita.
Começava a faltar fascinação
Com a grande rota do Oriente, desfeita
Pela concorrência de outros, que não
Perderam tempo em seguir a receita
Do longínquo celeiro comercial,
Que despertara a cobiça geral.

38

Já de americanos e fascinantes
Tesouros era, pelos espanhóis,
Repetida a estória, com impressionantes
Detalhes que motivaram os reinóis
A pensar em ouro, prata e diamantes,
Imensos e brilhantes como sóis.
Dentro da política absolutista,
Entrava-se na fase metalista

39

Das economias que acumulavam
Reservas, que a visão mercantilista
E a experiência de então recomendavam.
Foi por ter tal necessidade em vista
Que a coroa ouviu o que aconselhavam
Os indícios da fortuna benquista:
No Brasil, a posição reforçar,
Por um Governo Geral tutelar.

40

Tratar de defender para explorar,
A nova inspiração vinda propunha;
Com mão de ferro a terra dominar,
Era o que a nova circunstância impunha.
Para tanto, cumpria controlar
O imprevisto elemento que dispunha
Da coragem de preferir morrer
A sem honra e liberdade viver,

41

Sem dúvida o selvagem brasileiro,
E preparar a melhor resistência
À investida do interesse estrangeiro,
Que urdido pela mesma decadência
Das trocas orientais, aventureiro
Navegava nas costas, com a aparência
De se tratar de corsários valentes,
Sendo apenas bandidos impudentes.

42

A um fidalgo foi confiada a honraria
De organizar a forma de defesa
Que a terra do Novo Mundo teria:
Seria construir uma fortaleza,
E para tanto as instruções traria
De locação da sede, com presteza,
A fim de atender a cuidados tantos,
No recôncavo de Todos os Santos.

43

Tomé de Souza traz um regimento
Real cujo texto dispõe e se estende
Sobre armas e instrumentos que, a contento,
Lhe dão a segurança que pretende
Poder dispor, a partir do momento
Em que a governador da terra ascende.
— Pertence — diz, mostrando o poder vil —
— A mim, todo o pau, do dito brasil.

44

E mais de mil pessoas embarcaram
Na frota portuguesa, passageiros
De várias profissões que se entregaram
À singular tarefa de primeiros,
Desde o momento em que âncoras lançaram.
Em parte, vinham mais de cem obreiros,
Grande quantidade de material
De construção, portais, janelas, cal.

45

Assim vieram pedreiros, carpinteiros,
Oficiais da melhor categoria,
Como também serralheiros e oleiros,
Competentes no ferro e na olaria,
E ainda canoeiros e caldeireiros,
Enfim, aqueles aos quais se daria
A incumbência de construir Salvador,
Nome dado pelo governador.

46

Tomé de Souza depois se estendeu
Em viagem a São Vicente em vistoria,
Passando pelo Rio, onde escreveu
Extensa carta ao rei, em que a elegia
Para uma povoação que prescreveu,
Com fortaleza que edificaria
Se com mais meios pudesse contar,
E não tivesse que se dispersar.

47

O Governador Geral foi trocado
Quatro anos após por Duarte da Costa,
Que pôde ver, logo recém-chegado,
O grau com que já se encontrava exposta
A presença francesa, e começado,
Com as agressões, a ficar descomposta
E grave, com os índios, a situação,
Por força de séria perseguição.

48

Os maiores jesuítas já chegavam,
Manuel da Nóbrega vindo em primeiro,
Enquanto os grandes fados preparavam
José de Anchieta, o santo milagreiro,
Os quais, logo em poucos anos fundavam
São Paulo no planalto brasileiro.
No terceiro governo, Mem de Sá
Uma nova feição à terra dá.

49

Galgada a Serra do Mar, o labor
Dos jesuítas o gentio formava,
Convencendo e educando, sem impor,
Desde quando, por pouco, começava
A nova metade do cento, por
Ser vivida, como se prenunciava:
Colégios e capelas levantados,
Ofícios novos sendo organizados.

50

Em vários pontos os índios passaram,
Por certo, já não mais como inimigos,
Mas pelo contrário em lutas provaram
Qualidades dos mais firmes amigos:
Tendo o apoio dos jesuítas lutaram,
Com os brancos, como parceiros antigos,
Na dos franceses sangrenta expulsão,
Na Guanabara, do forte bastião.

51

Não era rara a vista de corsários
Franceses pelas costas traficando,
O que exigia esforços necessários
A enfrentá-los, por estarem rondando
Bens valiosos que os cofres argentários
Da metrópole, bem considerando,
Tinha como seus, por plenos direitos,
E só seus, para todos os efeitos.

52

Mas da Ordem de Malta um cavaleiro,
Nicolau de Villegaignon, viria,
Num movimento huguenote altaneiro
Tentar uma colônia que entraria
De uma ilha no Rio de Janeiro
Para o continente, onde então seria
Criada a cidade de Henriville, início
De grande aventura em tempo propício.

53

Seiscentos homens que desembarcaram
Com pedras e tijolos fortaleza
Armada e muitas casas levantaram
Na ilha adrede eleita, e com a rudeza
E os rigores vividos, precisaram
De outros meios e auxílios para a empresa.
Tiveram para esse fim os apoios
Importantes da tribo dos tamoios

54

E da vinda de reforços preciosos
De França com três navios a mais.
Trouxe esta, porém, casos religiosos
Para os grupos, em torno de formais
Questões e sacramentos, sentenciosos
Todos eles, com restrições totais
E recíprocas, pondo calvinistas
E católicos como antagonistas

55

Ferrenhos, em cizânia destruidora,
Que fez homens, passados poucos meses,
Deixando a fortaleza protetora,
Irem aos lusos largando os franceses,
Em revolta tornada promotora
De decisiva ajuda aos portugueses,
Pelas importantes informações
A respeito das fortificações.

56

Enquanto isso, mamelucos locais
Do litoral do Rio de Janeiro,
Disputando interesses especiais
Nas lutas do comércio madeireiro,
Criavam pontos urbanos primordiais
Já não vindos do foco açucareiro,
Mas dos ódios de brancos portugueses
Contra as ambições dos brancos gauleses,

57

Imperdoáveis por suporem o direito
De a rica terra poder explorar.
E assim aos poucos, lentamente feito,
Num sinal de consciência a se formar,
Chega embrionário ainda em seu conceito
Um real pequeno fato a festejar:
O princípio da configuração
De um destino comum, da formação.

58

Já tamoios e tupis se encontraram
Em paz que teve clara promoção
Dos padres, que na fé a prepararam,
Com prudente e sagaz intervenção.
Assim, as alianças que sustentaram,
Dos franceses, a articulação
Com os tamoios, ruíram ruidosamente,
Galardoando a política eminente.

59

Finalmente, como herói assumido,
Estácio, sangue do governador,
Por contingentes índios assistido,
Esmaga em batalha de extenso ardor
As hostes inimigas, com sofrido
E marcante resultado de dor:
É morto, na audácia da pouca idade,
O sobrinho, fundador da cidade,

60

Nascida Arraial de São Sebastião,
Contando com vivendas de madeira
No morro chamado Cara de Cão,
Cercadas por baluartes e trincheira,
Próxima à barra, bem ao pé do Pão
De Açúcar, local de onde, sobranceira,
Estendeu-se, para melhor defesa,
Ao morro do Castelo, numa empresa

61

Na qual o capitão-mor Mem de Sá
Buscou abrigá-la corretamente,
Decidindo também construir por lá
Imóveis de estrutura firmemente
Alçada em pedra e cal, além de já
Incluir igreja de porte excelente,
E prédios públicos bem planejados,
Pela bela arquitetura louvados.

62

É em seqüência desses fatos que o leme
Da história alguns de seus rumos altera:
O que mais o selvagem odeia e teme,
Que o conduz à revolta e o desespera,
Os grilhões sob os quais suplica e geme
Se relaxam, por lei que os considera
Proibidos aos gentios, com exceção
Dos presos em guerra, por punição.

63

A negra escravatura recebia
Com a mudança o inelutável sinal
Para vir suceder, como faria,
O selvícola, de forma total,
Pois não tiveram os padres a ousadia
Imprudente de contrapor a tal
Autorização novos argumentos,
E, em defesa dos pobres, elementos

64

Que seriam por demais combatidos
Pela escassez de braços alegada
Por colonos prontamente investidos
Nos campos contra a liberdade dada,
E os quais, em defesa própria reunidos,
Queriam a escravatura praticada
Com negros, muito menos perigosos,
Fortes, submissos, pouco rancorosos.

65

Era reduzido o comércio interno,
Pois força maior a corrente guiava,
Despertada pelo interesse externo
Que muito claramente a demandava:
Cadente o pau-brasil fez-se um alterno
Do açúcar, que já tanto interessava.
Era o estatuto urbano secundário
Na colônia, de costume primário,

66

Mas mesmo assim as vilas se formavam
Nas sesmarias, criadas por doações.
Dentre elas, duas cidades contavam
No Rio e Salvador, com pretensões
De uma terceira que os homens fundavam
A partir das, de um porto, instalações:
Nossa Senhora das Neves, seu nome,
Levado a João Pessoa, no renome

67

Tardonho, na república adotado.
Ao norte, quase sempre junto ao mar
Ficavam, com o açúcar explorado
Carente dos apoios de ultramar,
Assim como ao sul, com o trato inclinado
Das serras, de difícil extrapassar:
Gerou-se uma situação caudatária
Do complexo da atividade agrária.

68

E com vagar o gado se apresenta
No litoral e logo no sertão,
Em seu andar de muito mansa e lenta
Ginga, na costumeira servidão;
Com ele segue o colono que sustenta,
Começando assim a penetração
Que consolida a função material,
Mas sem maior base educacional,

69

Que só começa pelo apostolado
De missionários da ordem inaciana,
Num esforço constante e dedicado
De adesão à causa, que ao tempo irmana,
Em movimento amplamente louvado,
No mesmo quadro as ordens franciscana
E dos beneditinos e capuchos,
Que fizeram os primeiros debuxos

70

Para a pedagogia de instrução
Que formou toda uma elite pensante,
Com múltiplas casas de educação
De Salvador a São Paulo, em vibrante
Entusiasmo que vigorou de então
Ao Dezoito, com prática incessante:
Turmas havia de filosofia,
Dogmática, moral e teologia.

71

Para o ensino eram centros principais
Certos Salvador, Rio de Janeiro
E Recife, e o acesso aos naturais
Exigiu o recurso costumeiro
A meios cênicos e dialogais,
Com os quais se interpretavam por inteiro
Tragédias e comédias, divulgando
Conhecimentos e catequizando.

72

Oitenta anos do século passados
Foi concretizada a ibérica união,
Que fez Portugal e Espanha coroados
Com a mesma cabeça, em sustentação,
O que gerou fatos e resultados
Diversos, da maior repercussão.
Para o oeste as entradas caminharam
E sem muita resistência alargaram,

73

Marcha pausada e constante, as fronteiras,
Pela união das coroas, semi-extintas,
Das terras mistas luso-brasileiras
Favorecidas pelas indistintas
Regras, que não contiveram as bandeiras,
De mais espaço e riquezas famintas.
Resultara um Portugal combalido,
Meio desfigurado e enfraquecido,

74

Exposto a assaltos de pirataria
Por parte de corsários, e outras vezes,
Em rude comércio de fancaria,
No Mundo Novo recebia ingleses,
E não muito depois também sofria
Nas mãos de aventureiros holandeses.
No litoral nordestino os franceses
Lutavam com os hispano-portugueses,

75

Que os venceram, Filipéia fundaram
— Depois João Pessoa —, e assim prosseguiram
Até o norte, de onde enfim expulsaram
O inimigo e logo a seguir construíram
O forte dos Reis Magos e formaram
Uma nova vila que decidiram,
Por força da data, chamar Natal,
Que seria depois a capital,

76

A partir da qual uma irradiação
De novos povoamentos se faria
Para o sentido do alto Maranhão,
Depois o Pará atravessaria
E seguindo sempre essa direção
O imenso Amazonas alcançaria.
Os potiguaras e caetés locais
Tornaram-se peças fundamentais

77

De todo o processo de ocupação,
Pois pacificados participaram
Da conquista e da colonização
Do nordeste e do norte, que povoaram
Com os brancos na floresta e no sertão,
E unidos aconteceram e procriaram,
Silvícolas e colonizadores,
De toda aquela imensidão, senhores.

78

Mas já no meio deles figuravam
Mestiços de importâncias destacadas
E que com imensa coragem lutavam,
Expostos, nas batalhas descampadas,
Como na Paraíba, onde apontavam
Um chefe mameluco, o Catucadas,
Presente no episódio da expulsão
Dos franceses dos pontos de invasão.

79

Para o norte, de Recife partiam
Umas companhias, que comandadas
Por Jerônimo de Albuquerque iam
Por vários chefes índios integradas,
E os brancos e mamelucos seguiam
Tendo participações destacadas:
De Pernambuco o Pedra-Verde vinha,
A Paraíba o Piragibe tinha,

80

Como o Pau-Seco, das áreas extremas,
Mais o Poti, chamado o Camarão,
E o Zorobabé, todos eles gemas
Genuínas de uma nascente nação
Que ansiava por livrar-se de problemas
Impostos por cobiça e exploração
De novos brancos vindos sem fronteiras,
Pejas de chumbo grosso as cartucheiras.

81

Já não mais só um governador havia:
Depois de Mem de Sá, da sucessão,
Julgara a metrópole que devia
Da autoridade única abrir mão,
Pois conselhos vários que recebia
Recomendavam uma divisão.
Um governo do norte, em Salvador,
No sul, outro no Rio, em seu penhor.

82

Pouco dura, porém, a iniciativa,
Pois em breve chega um Governador
Geral substituto, com distintiva
Homenagem aos de Sá e à sua dor
Com a perda de Estácio, na alternativa
De outro sobrinho, este Salvador,
Para o Rio de Janeiro governar,
Defender, bem dotar e embelezar.

83

Lourenço da Veiga seu nome era
E o país por três anos governou,
Tendo se empossado quando se dera
A morte que a metrópole abalou
Com violência inaudita, pois, pudera,
Portugal de seu jovem rei privou:
Em Alcácer-Quibir desapareceu
Sebastião, que o reino nunca esqueceu.

84

Três outros Governadores Gerais,
Com Manuel Telles Barreto em primeiro,
Francisco Giraldes, segundo, e mais
Francisco de Sousa como o terceiro,
Sem marcar sucessos individuais,
Preparam a chegada, sorrateiro,
Do final do século que acabava:
O Dezessete já se aproximava,

85

Para encontrar um quadro indefinido
De avanço, mas melhor consolidado
De ocupação, ainda que contido
Pelas dificuldades com que o estado
Português se encontrava, no sentido
De enviar reforços para o outro lado
Do mundo em operação dispendiosa,
Para a época, aventura grandiosa.

86

Imperfeita era a colonização,
Mas boa coisa tinha sido feita:
Espalhados núcleos de povoação
Pela costa defendida e sujeita;
O açúcar, grande fator de atração
Mundial, que na atitude insatisfeita
Dos mercados tinha sucesso imenso,
Era produto de trabalho intenso

87

Nos cento e meio engenhos existentes;
Algumas fortalezas bem armadas,
Culturas de algodão e diferentes
Cereais com colheitas bem resultadas,
E se de melhores vilas carentes,
Cidades estavam a ser levantadas.
Marchava-se também para o interior
E a história prosseguia, em seu andor.

Canto sexto

1

O Dezessete entrava sem marcantes
Previsões de mudanças que induzissem
Realidades e eventos motivantes
Que no trocar do cento distinguissem
Progressos mais concretos resultantes,
E nesse movimento despedissem
O já esgotado século cadente,
Sem macular com restos o nascente.

2

Mas ao revés da via americana
Do norte, as raças se miscigenavam.
Índios, brancos e negros, sempre em plana
Convivência dos humildes, se davam
As mãos como reunidos em hosana
Contra os males que do passado herdavam:
Despontavam a luz da nação mestiça
E a impugnação da distinção postiça

3

Derivadas de hábitos milenares,
Odiosas discriminações sociais
Nascidas das ambições mais vulgares
Dos homens, em seus delírios morais,
Cumprindo existências de erros palmares,
As vidas vivendo, como animais.
Da inspirada natureza, a inocência
Um puro clima criava de decência

4

Na terra com o Dezesseis descoberta,
Reinado do sol, sem promiscuidade,
Apenas de maravilhas coberta,
Trazendo a perfeição na identidade,
E na condição natural a certa
Expressão de uma límpida verdade.
Seria um sonho aprender a observar
Para o destino humano renovar?

5

Os brancos europeus ainda traziam,
Porém, em ranço de costume herdado,
O vezo do recurso que viriam
A empregar, mesmo que desnaturado:
A escravidão do homem que diziam
Inferior e por isso condenado
A entregar-se como se um animal,
Desumana criatura artificial.

6

Assim seguiu, portanto, a interferência
Dos costumes da Europa milenar:
Na colonização, a preferência
Por pouco dar em troca do explorar,
Tudo subordinado à contingência
De fruída uma riqueza abandonar
À louca sorte as áreas ocupadas,
Tristonhas, esquecidas e sugadas.

7

Novo governador vinha nomeado
Logo no segundo ano dos Seiscentos,
Conhecido por ter solicitado,
Dos muitos encargos, pelos aumentos,
Uma elevação a vice-reinado
E a concessão de melhores proventos:
Foi assim que chegou Diogo Botelho,
Que ouvindo proposta de um Pêro Coelho,

8

Na Paraíba feito vereador,
Tentou organizar expedição,
Com pleno apoio do governador,
Que, no Ceará, adentrando o sertão,
Tendo ele como seu capitão-mor,
De outra capitania a fundação
Fizesse promover, com aventureiros
Soldados e selvícolas flecheiros,

9

Os distantes tupis da Guanabara,
Batatã e Caraguatin no comando,
Chefe Mandiocapuba, os potiguara,
E outros, Guaratinguirá acompanhando,
Estes, da tribo tupi-tabajara.
A expedição avançou obrigando
Franceses invasores a recuar,
Mas, exaurida, decidiu parar.

10

Voltou Coelho ao Ceará, ali deixando
Seu grupo enquanto reforços buscava,
Mas por atrasos tanto demorando,
Tão mais do que a princípio imaginava,
Que ao final acabou abandonando
A conquista que muito acalentava.
Em Natal depois veio a falecer,
Deixando a marcha do oeste por fazer.

11

Teve o governador dificuldade
Posterior com a chegada de crescentes
Excursões que tinham a finalidade
De preparar maiores contingentes
Desembarcados, com a cumplicidade
De locais, em delitos permanentes
Na venda ilícita de pau-brasil,
Atividade forasteira hostil

12

Que brancos como índios catequizados,
Irmanados, sem tréguas combatiam.
Entretanto, quando desbaratados,
Em outros pontos da costa surgiam,
Deixando os defensores desnorteados
Mas certos de que se comprometiam
Em causa nobre, por geral consenso,
Guardando aquele território imenso.

13

E seis anos apenas transcorridos,
Novo grupo e novo governador
Chegaram a Olinda, bem recebidos:
Diogo de Menezes, o sucessor,
Tratou de que fossem logo concluídos
Os trabalhos do forte defensor
De São Francisco, apenas iniciado
Por Francisco de Sousa, no passado,

14

O qual desejou El-Rei ver nomeado
Para chefiar nova organização
Que fez no sul governo em separado
Junto ao Rio, Espírito Santo e São
Vicente, sendo inclusive indicado
Para dirigir as minas, função
Que lhe traria fortuna e honrarias
E por certo grandes economias.

15

Diogo de Menezes se ressentiu
Com a surpresa da divisão proposta,
E sobre isso ele bem que preveniu
A coroa, considerando a imposta
Solução um erro crasso, que assumiu,
Mas teve sempre como mal composta,
Por força da despesa que daria
E a fazenda pública atingiria.

16

Certo estava o governador geral,
Pois enquanto das minas se ocupou,
Francisco nada fez de original,
Mas certamente se locupletou
Das honrarias e do vil metal
Que a desperta cobiça lhe ofertou.
Meio século depois os paulistas
Fariam verdadeiras as conquistas.

17

Sempre renovadas, as guarnições,
Mesmo enfrentando situações dispersas,
Derrotas impunham às expedições
De invasores, dominavam adversas
Posições pondo à pique embarcações,
E junto aos religiosos e a diversas
Facções de tribos índias derrotavam
Ingleses e holandeses, que chegavam.

18

Mais tarde Gaspar de Sousa ocupava
A função de governador geral,
E em curto prazo tudo preparava
Para marchar no rumo equatorial,
Em busca do Maranhão onde estava
Se organizando a França Equinocial:
Treze anos passados daquele cento
O bastião francês recebera aumento

19

Considerável junto à fortaleza
De São Luís, nas cercanias da qual,
Com uso de habilidade e esperteza,
Havia sido criada uma especial
Proteção com elementos de defesa
E um apoio gentílico local:
Eram fossos profundos com estacada,
Tendo baluartes em linha elevada

20

Por sobre um casario despontando,
Em que igreja e convento não faltavam,
No entorno se estendendo e se espraiando,
E onde índios e colonos se abrigavam.
Foi o governador providenciando
Uma nova expedição, em que estavam
Martim Soares Moreno, sertanista,
E Jerônimo Albuquerque, conquista

21

Do maior valor, filho do primeiro,
Destinada finalmente a enfrentar
La Ravardière, fogoso timoneiro
Francês incumbido de comandar
A grande empreitada do aventureiro
Plano, instalado com meio milhar
De homens com fidalgos e religiosos,
Todos dispostos aos mais belicosos

22

Atos, em defesa da implantação
Com tantos sacrifícios realizada.
Nesse tempo extinguiu-se a divisão
Da governadoria, que anulada
Favoreceu de muito a posição
Do governador, a qual, reforçada,
Poder lhe daria que permitisse,
Usando os instrumentos que possuísse,

23

As forças francesas desalojar.
Com mil peripécias a expedição
Prosseguiu, e após muito navegar
Junto ao canal de Mamuna, e em função
Da escolha de um rio, ferros baixar,
Para ali dar início à construção
De um forte num sítio pouco elevado,
Logo a Santa Maria dedicado.

24

Mandiocapuba, grande principal
Dos índios engajados na defesa
Dos locais, ocupou fundamental
Função no respaldo da portuguesa
Força, tendo coragem sem igual
Para o levantamento da francesa
Posição, cuja expressa realidade
Conhecida tornou-se, na verdade,

25

Arma valiosa, útil na refrega
Que aceleradamente se anunciava,
De cujas úteis conclusões a entrega
Se fez ao governo, que as esperava.
Insinuou-se em pouco tímida esfrega,
Cedo aumentada, pois logo aportava,
De dois mil homens, forte contingente,
Estando, de Ravardière, um assistente

26

No comando, que uma praia ocupou.
Numerosos eram os índios aliados,
E o plano final não se limitou
A um grave bloqueio, sendo tentados
Movimentos de ataque, e assim tratou
De promover pontos entrincheirados
Na praia, de onde enviou intimação
Aos locais para total rendição.

27

Conhecedor da séria situação,
Albuquerque resolveu atacar,
Num movimento pronto de reação
Que decidiu fazer, sem esperar
A tomada, do inimigo, de ação.
Foi fácil ao capitão contornar
Os pontos que os franceses ocupavam,
E convencido de que estes tentavam

28

Ganhar tempo, projetou-se com inteira
Disposição sobre eles, com violência
Tal que logo tomou uma trincheira,
Prosseguindo com muita truculência
Até poder, após essa primeira
Vitória, mostrar que, enfim, a prudência
Indicava caber a retirada
Dos chegados, em marcha acelerada

29

Partindo de volta às embarcações,
Com mais de cem mortos ou prisioneiros.
Guaxinduba, foi como as povoações
Cunharam a batalha, na qual pioneiros
Brancos e índios de muitas nações,
Unidos na paixão de brasileiros,
Puseram o invasor para correr,
Destemidos e prontos a morrer.

30

A Albuquerque, Ravardière quando escreve
Se assina "seu inimigo mortal";
Depois da surra, porém, se descreve
Um "Vosso servidor", quando ao final
Envia nova carta que transcreve
A humilhação da França Equinocial.
O vencedor responde-lhe em trovão,
Firmando-se Albuquerque Maranhão.

31

Trégua de um ano acertam os oponentes,
Pouco depois pelos locais quebrada,
Pois com dias apenas decorrentes
Era tropa de socorro chegada,
Para com movimentações seqüentes,
Em nova fortificação chamada
São Tiago, tornar-se bem instalada,
Sendo a facção inimiga intimada

32

A, em cinco meses, render-se e deixar
O forte, permitida a retirada
De homens e bens, se obrigando a entregar
As instalações, onde venerada
Seria, para o êxito festejar,
A Senhora da Vitória, tornada
A ela dedicada a igreja matriz,
Mantendo-se a invocação de São Luís

33

Para a cidade, feita capital.
Livres todos, La Ravardière, porém,
Por força da posição especial,
Foi recolhido à Torre de Belém
Como prisioneiro provisional,
Onde, após três anos, houve por bem
O rei devolvê-lo à terra natal,
Sem qualquer condição adicional.

34

Mas era preciso sempre avançar,
E o grupo de socorro derradeiro
Teve ordens de, antes de regressar
A Pernambuco, no poente dianteiro,
A cento e cinqüenta léguas fundar
Capitania, tendo um timoneiro
Muito especial, para tão grande arranco:
Francisco Caldeira Castelo Branco,

35

Que a chegada do socorro chefiara,
O qual prosseguiria acompanhado
De outros participantes que ganhara,
Vindos de Guaxinduba, num punhado
De heróis do conjunto que derrotara
Os franceses e criara um avançado
Baluarte para o domínio do poente,
Depois de batalha rude e valente.

36

Após bastante navegar, e já
Na baía de Marajó chegado,
Adentram a baía de Guajará,
E nela aportando assentam um povoado
Bem à margem do delta do Guamá,
Para ali ter finalmente fundado
O forte do Presépio, mas também
A vila da Senhora de Belém.

37

Não foi muito depois que faleceu
Jerônimo de Albuquerque, o senhor
Do Maranhão, e a sucessão se deu
Com o próprio filho do conquistador,
De nome Antônio, fato que ocorreu
No decurso da luta para impor
A paz em ambas as capitanias
E plenamente abertas suas vias

38

Terrestres para comunicação.
A partir de então vieram de ultramar
Chegando colonos ao Maranhão,
Depois de nos Açores embarcar
Cumprindo contrato de emigração,
Programa que levou a prosperar
Toda a região: gente trabalhadora,
E dos costumes, moralizadora.

39

Com vinte e um anos havendo passado
Do século, desejou Portugal
Modificar a estrutura do estado
Brasileiro através de carta real,
Em que novo governo em separado
Se tornava uma verdade oficial:
Junto à capitania do Pará
Ficaram as do Maranhão e Ceará.

40

As outras capitanias seguiam
Cursos variados de prosperidade,
Povoações e cultura se estendiam
Para o sul, de forma que na cidade
Do Rio de Janeiro progrediam
Três fortificações com prioridade:
A do Castelo, de São Sebastião,
E as da barra, Santa Cruz e São João.

41

Defendendo o pau-brasil abundante
De Cabo Frio foi também construída
Uma fortificação que, a montante,
No litoral norte, foi defendida
Em Macaé por posição bastante
Segura, com chefia conferida
A um filho do Araribóia famoso,
De Estácio de Sá, aliado glorioso.

42

A ligação das coroas ibéricas
Trouxera contra as lusas possessões
A atenção e muitas reações coléricas
Das, de Castela, inimigas nações,
Que se empenharam em disputas homéricas
Por onde elas tivessem posições:
Foram de Ormuz expulsos por ingleses,
De praças orientais por holandeses,

43

Com o que perderam postos poderosos
De comércio conquistados em lutas
Memoráveis com o sangue dos famosos
Navegadores, que, por suas condutas
Heróicas e seus feitos corajosos
Nos dois últimos centos de disputas,
Haviam conferido a Portugal
Profundo respeito transnacional.

44

Negociantes holandeses ativos
Agitavam-se em busca de uma entrada
Nos mercados não tidos por cativos
Dos lusos, e conservavam assediada
Toda a lista de empórios produtivos
Que eles detinham no mundo, espalhada.
Antes do quarto do cento passado,
Seria o Brasil por eles buscado,

45

Também em represália às agressões,
Pelo governo espanhol praticadas,
De embargos postos sobre embarcações
Quando nos portos lusos atracadas,
No bojo de diversas restrições
Por questões pelo comércio geradas:
Era a união das coroas que pesava
Sobre Portugal, que nela encontrava

46

Problemas muito grandes a enfrentar.
Retaliações houve dos neerlandeses,
Dispostos certamente a disputar,
Por todas as razões, com os portugueses,
A produção de açúcar e levar
A esplêndida iguaria a seus fregueses,
Por serem comerciantes não passivos,
Além de navegantes agressivos.

47

A derrota da Invencível Armada
Espanhola defronte à esquadra inglesa,
Desde a última década passada
Do Dezesseis, havia com certeza
Enfraquecido a força continuada
Mantida com a presença portuguesa
Nas Índias e no Novo Continente,
Por força da situação contingente

48

Da união ibérica, cujos sinais
De fraqueza indicaram a providência:
Organizar, nas Índias Orientais,
Uma Companhia de alta potência;
Seguiu-se a das Índias Ocidentais,
Que com política clarividência
Os holandeses viriam a fundar,
Para à questão do Brasil dedicar.

49

Foi também aos vinte e um anos do cento,
Quando o governo do norte se criava,
Que instalou-se a sociedade a contento
De Carta Patente, a qual reforçava
Com meios para cumprir seu intento,
Que sendo básico, a justificava:
Tudo fazer, que tornasse efetivo
Seu comércio, e o fizesse lucrativo.

50

Os planos para o Brasil invadir
Tinham práticas considerações:
Eles começavam por sugerir
Que não se deviam esperar reações
Pelas razões citadas para argüir:
Sendo Portugal e Espanha nações
Hostis seria fácil subjugar
Resistências incapazes de aliar

51

Defesas que merecessem respeito;
Seriam os portugueses inferiores
Soldados, e teriam o despeito
Dos negros, os quais, da razão cultores,
Não cogitavam que levassem a peito
Sacrifícios, dos brancos, pelas dores.
Poderiam até contar com os marranos,
Cristãos-novos, agora americanos,

52

Mas de origens racial e religiosa
Diferentes da média costumeira,
E que aproximados com maliciosa
Intenção e abordagem sobranceira
Pressentiam, com a mais esperançosa
Fé, que acabariam tendo altaneira
Compensação, porque se passariam
De partido e confraternizariam

53

Com semelhantes, que assim os julgavam.
Tal ponto de vista prevaleceu
E dando cumprimento ao que pensavam,
A Companhia fundada escolheu
O destino final dos que zarpavam:
São Salvador, onde afinal se deu,
Para surpresa da população,
A chegada da esquadra de invasão.

54

Bombardeando o porto e os barcos fundeados,
Logo os invasores desembarcaram
Com a falta de resistência animados,
E sem mais dificuldade assaltaram
O forte, cortando, dos ancorados
Navios, as cordas, e os incendiaram.
Embebedados no beneditino
Convento os soldados, em desatino,

55

Decidiram lá mesmo pernoitar.
Pronto rendeu-se o local governante
Incapacitado para lutar,
Levado a reconhecer, relutante,
Que só com um pequeno grupo contar
Podia, o que o tornou não vacilante,
Mas certo de que, com o comportamento
Dos cristãos-novos, não era o momento

56

De resistir a tão rápida ação.
Passados alguns dias, entretanto,
Sob o comando do bispo, a reação
Teve início com a ajuda para tanto
De Francisco Moura, nobre que então
Liderou a defesa para o espanto
Dos holandeses, fazendo o fidalgo
Com que se preparasse afinal algo

57

Que tornasse os invasores detidos
Na linha de fogo junto à descida,
Quando onze navios devolvidos
À Holanda, em operação descabida,
E outros sete para Angola movidos,
Num estranho movimento suicida,
Geraram enfraquecimento pasmante
E a fatal impotência resultante,

58

Que levou à derrota posterior,
Quando a armada luso-espanhola entrou
Na baía, chegando com um vigor
Inesperado que logo espantou
Os batavos e incutiu-lhes pavor.
Quando a declinar o sol começou,
Cinqüenta e quatro navios armados,
A bordo, trinta mil homens contados,

59

Os mil e quinhentos canhões baixados,
Com tremenda artilharia arruinaram
Os grossos parapeitos levantados
Em defesa do forte que cercaram.
Além dos objetivos bombardeados,
Todas as naus holandesas trataram
De pôr a pique num ataque notável,
Criando uma situação insustentável

60

Para os invasores, que a rendição
Entregaram definitivamente.
Houve respeito à capitulação,
E os derrotados cuidadosamente
Tratados foram em comemoração,
Com tambores rufando alegremente,
E embarcados, sem armas e bagagens,
Devolvidos às, de origem, paragens.

61

Mas nem bem cinco anos eram passados,
Uma esquadra holandesa empavonada
Fundeava ao largo dos aglomerados
De Recife, em operação cuidada.
Com militares experimentados
Os pontos urbanos, em ordenada
Manobra, foram de logo invadidos,
Mas os que eram rurais foram mantidos

62

Pelos locais com rija resistência
Apresentada pelos proprietários,
Os quais, com decisão e competência,
Defenderam os interesses fundiários
Da produção de cana, em evidência
Por toda a zona de meios agrários.
É nesse ponto emblemática a luta,
Porque foi essa a primeira disputa

63

Em que todas as raças brasileiras,
Na miscigenação que honra o país,
Num uníssono cerraram fileiras,
Comungando a unidade dos brasis,
Irmanadas vivências verdadeiras
Que enfrentavam os invasores hostis:
A forma de guerrilhas que se criou
De "guerra brasílica" se alcunhou.

64

Ela envolvia ataques de surpresa
Com mobilidade dos combatentes,
Iniciativas próprias de aspereza
Crua com resultados surpreendentes,
Por "ligeiras e hábeis de natureza",
Relataram, das tropas, os presentes,
Nos muitos testemunhos que contaram
Os variados feitos que os abismaram.

65

Nesse tempo o governador geral
Diogo Luís de Oliveira reforçara
Defesas com descrença primordial
Do poder espanhol, que se baseara
No litígio permanente e global
Que vinha tendo, de maneira clara,
Com os holandeses, de forma difusa,
Dentro de uma realidade confusa

66

De disputa de mercados mundiais.
O governador nomeou comandante
Do nordeste, com poderes totais,
Matias de Albuquerque, de importante
Família com muitas posses locais,
Que governara, segundo constante
Da história oficial, a capitania
Com superior sucesso e mais-valia.

67

O ataque chegou a ser retardado
Por outras escaramuças havidas
Entre ambas as coroas, do outro lado
Do mundo, difíceis de ser vencidas.
Enfim, foi de Cabo Verde alertado
O governador geral das partidas
De inúmeras naus da esquadra holandesa,
Rumo à nova colônia portuguesa.

68

Vinha ela de São Vicente, Açores,
Com mestre Lonck como comandante,
Imediato dos navios captores
Da frota do Prata, com coadjuvante
Participação por entre os atores.
Já então à cabeça da exuberante
Frota de sessenta e sete navios
Trazia sete mil homens bravios,

69

Mais de mil bocas-de-fogo assestadas,
E enorme potencial para lutar.
Ela levantou ferros em espaçadas
Datas, mas reuniu-se ao largo no mar,
Defronte a Recife, e com calculadas
Tramas numa baía foi entrar:
A do Pau-Amarelo, que atacou
E com facilidade dominou.

70

Em recurso de guerra os defensores,
Prontos ao sacrifício, decidiram
Deixar terra arrasada aos agressores:
Queimando naus e armazéns, impediram
Que após tanto esforço aqueles valores
Viessem depois servir aos que invadiram.
Por um mês ainda os fortes lutaram,
Mas em março de trinta se entregaram.

71

Para o Arraial do Bom Jesus mudaram
Os bravos defensores nacionais,
Impertérritos, que não se entregaram,
Incomparáveis heróis provinciais,
E a partir daquele ponto engendraram,
Com táticas de emboscada especiais,
Investidas de efeito, atocaiadas,
Fustigando as posições avançadas

72

Dos holandeses, que se desdobravam
Em defender as áreas conquistadas.
Na guerrilha, eram tropas que atacavam,
Atingiam as disposições visadas,
E igualmente velozes se afastavam,
Para reporem-se, aprovisionadas.
Estática, com muita contundência,
Remanesce indefinida a experiência

73

Pelo Recife se posicionando.
Em dois anos os batavos sentiram,
As posições de Olinda abandonando,
Retornarem as forças, que incumbiram
— Com novos dirigentes que arribando
Trouxeram reforços quando acudiram —,
De avançar a conquista com energia,
Confirmando a posse da Companhia

74

Das Índias Ocidentais do lugar
Sonhado, de objetivo planejado.
Puderam os invasores dominar
A extensão do litoral espraiado
Desde Santo Agostinho, a começar
Ao sul de Pernambuco, e terminado
No Rio Grande do Norte, no extremo,
Ganho que produziu gáudio supremo

75

Nos neerlandeses assim vitoriosos,
Que em junho de trinta e cinco ocupavam
O arraial do Bom Jesus, dos gloriosos
Feitos que desde o início atormentavam
Os vencedores com seus perigosos
Movimentos que a todos assombravam.
Enfrentando Calabar, o traidor,
Coube a heróicos nativos contrapor

76

Resistência emérita de emboscadas:
Vidal de Negreiros, branco a chefiar
As lutas com forças acompanhadas
Por Filipe Camarão, potiguar
Amigo índio, o qual as disparatadas
Tropas com ele conseguiu controlar,
Além de Henrique Dias, destemido
Negro, muito ilustre e reconhecido

77

Capitão-do-mato, fidalgo feito,
Campanhista em corajoso trajeto,
Patriota, munido de amor perfeito.
Ainda dentro do mesmo projeto,
Sebastião Souto é herói por direito,
Como Luís Barbalho, um outro dileto
Membro desse grupo de guerrilheiros,
Companheiros de Vidal de Negreiros.

78

Na velha Europa a Guerra dos Trinta Anos
Estava em curso e havia transbordado
Das questões próprias dos povos germanos,
Para, depois de algum tempo passado,
Vir atingir interesses hispanos
E envolver Portugal, que estava atado
Ao cetro filipino por heranças,
No longo hiato entre Avis e Braganças.

79

Os iberos tesouros se esfalfavam
Para cobrir despesas militares,
E as dificuldades mais se agravavam
Depois de uma série de erros palmares,
Dos que somente os loucos empolgavam.
E a França, movida pelos alvares
Deuses da morte, guerra declarava
À Espanha, que então já mal suportava

80

O desgaste das despesas que tinha
Em lutas, por toda parte travadas.
Ao mesmo tempo a França também vinha,
Com recursos de intrigas requintadas,
Entre os lusos incentivando a linha
Dos que sonhavam por ver restauradas
As glórias da coroa nacional,
Que dera ao país grandeza imortal.

81

O aumento de impostos, em conseqüência,
Levou, na Espanha como em Portugal,
A tais descontentamento, impaciência
E revolta, que se tornou fatal,
E levou a península à iminência
Da mais grave crise institucional,
Que veio quando a incrível decisão
Da Espanha de fazer a anexação

82

De Portugal, que seria tratado
Como província sua simplesmente,
Explodiu tal mortal bomba no Estado
Luso, criando situação que somente
O plano de restauração sonhado,
Desejado e tramado longamente,
Teria condições de resolver,
Evitando pôr-se tudo a perder.

83

Extinta, dos Avis, a dinastia,
A casa de Bragança era observada
Como a oportunidade que surgia.
Por Nuno Álvares Pereira fundada,
Em resultado de plena alegria
Com as bodas de sua filha muito amada,
Beatriz Alvim, com um filho de Dom João
Primeiro, ao fazer ao casal doação

84

De enorme patrimônio financeiro
E fundiário que implicou em poder
Que se acresceu quando, além de dinheiro
E bens, o rei resolveu conceder
Ao filho natural não mais solteiro
Privilégios próprios para exercer
Plenamente o ducado de Bragança,
Sede futura da lusa esperança.

85

No ano de mil seiscentos e quarenta
O duque de Bragança despontava
Como a solução que o mal afugenta.
Dom João, era como ele se chamava,
Depois João Quarto, para que a agourenta
Presença filipina que humilhava
Os portugueses fosse dissipada,
Varrida da nação desesperada.

86

A crise da metrópole ameaçava,
No Brasil, a defesa do agressor
Holandês, que com sucesso ocupava
O nordeste onde conseguira impor
Governo forte que já comandava,
E habilmente procurava compor,
Com as populações, certa aceitação,
Com firmeza agindo e boa gestão.

87

Não havia meios para enfrentar,
Dos Países Baixos, a poderosa
Situação, nem recursos para dar
Assistência armada mais generosa
Aos resistentes, que queriam lutar.
A Holanda saboreava pressurosa
A presa, que muito bem explorada,
Tornava-se aventura consagrada.

88

Capitão, almirante-general,
Investido como governador
Geral, autoridade excepcional,
Maurício de Nassau foi o protetor
Nomeado para essa mui especial
Missão, de variado administrador.
Alma da renascença, generoso,
Cultivando as artes, habilidoso,

89

Era também esperto estrategista,
Conciliador de muita tolerância,
Espírito prático, progressista,
Com presença da maior importância
No equilíbrio da pressão calvinista
De certos grupos seus em discordância
Com o uso de rezas e procissões
Pelos locais, ditas superstições.

90

No ano de trinta e seis, tendo chegado,
Nassau a quarenta e quatro se estende,
Quando tem o afastamento aprovado
E regressa à pátria como pretende,
Num embarque já bastante protelado,
O qual apesar disso enfim atende
A desejo muitas vezes expresso
Por ele próprio, extenuado confesso.

91

Com, da metrópole, a Restauração,
E no Brasil, de Nassau o impensável
Afastamento, surgiu a ocasião
Propícia, e por certo considerável,
Para que se retomasse a expulsão
Dos batavos e o fim da miserável
Fase de submissão inadmissível,
Estigma de uma humilhação terrível

92

Para os sofridos locais combatentes,
Os quais, para dar o bote, aguardavam
A indicação do momento, valentes,
Certos de que aquilo por que esperavam,
Angustiados, sentidos e impacientes,
Estava por acontecer, e ansiavam
Por que a oportunidade fosse aquela,
Pago alto preço, em nada bagatela.

93

Confiavam os holandeses na estável
Situação, e chegaram a reduzir
Contingentes, movidos por notável
Erro de avaliação, ao induzir
Como sendo extremamente improvável
Que alguma força pudesse impelir
Ainda os resistentes debilitados
E provavelmente desmotivados.

94

Portugal embaixadores enviou
A Haia com o fim de solicitar
Uma negociação, o que negou
A coroa batava, ao recusar
Sumariamente o que considerou
Pretensão impossível de apreciar.
Este seria o visado sinal
Para o início da batalha campal.

95

Antônio Teles da Silva ao tempo era
Governador Geral e instigador
Da revolta, para a qual propusera
A Vidal de Negreiros que o fervor
Das gentes alçasse, o que ele pudera
Fazer despertando entre elas o amor
Para lutar, se houvesse um plano pronto.
Nas Tabocas, o primeiro confronto

96

Findou em vitória dos revoltosos,
Felipe Camarão vindo em retorno
Com Henrique Dias, sendo os corajosos
Chefes dos que lutaram pelo estorno
Da situação, destaques audaciosos
Que heroicamente pelejaram em torno
De um grande agrupamento de soldados
Mamelucos e negros bem armados.

97

Depois, de Serinhaém, a vitória,
Como da Casa Forte, a rendição,
E a Paraíba faz parte da glória
Do esforço nacional de redenção,
Ao levantar-se para entrar na história,
E Porto Calvo entrega a guarnição:
Concentram-se em Recife os invasores,
Da terra o resto entregue aos defensores.

98

Ajudar, Portugal não decidia,
Por quase ter seu tesouro falido,
Contemporizar, já não mais podia,
Mas tornando-se, afinal, compelido
A intervir, por força do que valia
O ameaçado patrimônio contido
Nas soberbas terras continentais
Das desleixadas posses coloniais.

99

Enquanto a armada real se preparava,
Na metrópole ainda concentrada,
Ajuda holandesa desembarcava,
De mais de sete mil homens dotada.
Abril de quarenta e oito marcava
O calendário quando foi travada,
Nos Guararapes, a batalha cruenta,
Tremenda, e como nenhuma, violenta.

100

Quinhentos mortos, cinqüenta oficiais,
Além de quase seiscentos feridos,
Impuseram os sitiantes coloniais
Aos batavos, na batalha vencidos.
Tomam Olinda os insurrecionais,
Que entretanto permanecem contidos
Pelo invasor, capaz de controlar
A situação, com o domínio do mar.

101

Do ano de quarenta e nove, em inícios,
Confiantes em nova viabilidade
Por terem os fados como propícios,
Desprezando maior habilidade
À vista de imaginados indícios,
Deixaram os holandeses a cidade
Para se lançarem sobre o inimigo,
Decididos a aplicar-lhe castigo

102

Exemplar, pelo que julgavam audácia
Excessiva, e portanto intolerável:
Positivamente era uma falácia,
Sonho irreal, devaneio improvável,
Que apenas com coragem e pertinácia
Aquela gente enfrentasse o notável
Poderio do exército batavo,
Treinado, bem armado e muito bravo.

103

Três mil e quinhentos homens lançaram
Contra Guararapes um grande ataque,
Para o qual os locais se prepararam
Com quase três mil homens em destaque
Que ao pé do morro se dissimularam,
Na esperança de uma falha basbaque
Do inimigo, que rápido chegou
Ao cume onde bem pouco se quedou,

104

Pois um calor imenso o consumia,
A ponto de tornar-se insuportável
Que se alongasse por mais na estadia.
Ficando assim em condição instável,
Decidiu retirar-se ao meio-dia
O comando holandês, em memorável
Episódio que acabou ofertando
A possibilidade que aguardando

105

Estavam, pelas faldas, os sitiantes,
Os quais, quando os inimigos passaram,
Em prontos lances desmoralizantes
Na retaguarda da tropa lançaram
Um terrível ataque, e os retirantes,
Canhestros, surpreendidos, amargaram
Bem mais de mil mortos e prisioneiros,
Com pequenas perdas dos brasileiros.

106

A vitória tremenda e acachapante
De Guararapes, porém, não implicou
A imediata saída do ocupante
Holandês, que mais cinco anos ficou
Sitiado, em constrangimento humilhante,
Difícil situação que terminou
Só quando a cinqüenta e quatro, em janeiro,
Fez-se a capitulação por inteiro,

107

Tida sem desonra para os vencidos,
Pois com a ida da tropa vencedora
E seu estado-maior, conduzidos
À cidade Maurícia, perdedora,
Para que lá, apeados e polidos,
Com generosidade protetora
E ao som de disparos de artilharia,
Agissem com fidalga cortesia,

108

Do general vencido visitando
A casa, e aos mil soldados holandeses
Uma pataca a cada um mandando
Dar, seguindo, de Recife, aos fregueses,
Para deter-se, a se alojar passando,
Em casas de moradores burgueses.
Índios e negros foram incorporados,
Mesmo havendo lutado em opostos lados.

109

A década de sessenta expirava,
Sem que houvesse sido bem negociada
A forma de atender o que aspirava
A coroa holandesa derrotada:
Uma compensação ambicionava,
Com muitos bens e tributos montada.
O almirante Wassenaar adentrando
O Tejo com uma esquadra, e ameaçando

110

Portugal com um bloqueio perigoso,
Apressou uma inglesa mediação
Que não apenas levou a um honroso
Tratado mas também à conclusão
Do importante e complexo contencioso
De reconhecimento da nação
Como estando da Espanha independente:
O reino de Portugal, novamente!

111

O que ficou da holandesa passagem
Consta hoje de valioso registro
Com testemunhos de arte, na bagagem,
Dos atos de Nassau como ministro
De assuntos de governo, com a vantagem
De, no seu tempo, o gosto do sinistro
Empenho por armadas soluções
Não ter interferido nas gestões

112

Que levaram o Estado a prosperar
Fazendo trabalhar os empregados,
Pois soubera a todos estimular,
Desde eles até mesmo os magistrados,
Movida a comunidade a acatar,
Todos, governantes e governados,
As leis, com a mais integral obediência,
Ao clero e ao culto curvando a consciência.

113

Pontes, praças, palácios se construíram,
Aproveitando mestres construtores
De elite que os trabalhos assistiram
Com a solidez de experientes cultores
De obras feitas na água, pois partiram
Da muito vivida saga de autores
Das vastas terras tiradas ao mar,
Como era na Holanda de realizar.

114

Eckout e Post, pintores celebrados,
Universalmente reconhecidos,
Com quadros dos mais antigos pintados
Na América, de grande valor tidos,
Arquitetos entre os mais requintados,
Poetas e escritores muito validos,
Maurício de Nassau acompanharam,
E na grande aventura registraram,

115

De várias formas, a sua importância.
O progresso ao mesmo tempo invadia
O nordeste com visível substância,
E o número de engenhos, que crescia,
Alcançava, para alegre jactância
Dos invasores, cifra que atingia
Cento e sessenta e cinco instalações,
Com fartas e crescentes produções.

116

Nas capitanias do sul, paulistas
Prosseguiam suas explorações,
As quais, nos rudes tempos seiscentistas
Envolviam, dos índios, submissões,
Usando as bandeiras, especialistas
Na promoção de tais perseguições.
As povoações da costa progrediam,
E já grandes solares se faziam.

117

Registra uma falada tradição,
Ainda no Dezoito relatada,
Que apenas um ato de abnegação
A negara quando fora ofertada,
Num movimento primeiro em ação,
A coroa livre da pátria amada:
Teria Amador Bueno repelido
Ser, do Brasil, o novo rei ungido

118

Pelos interesses de São Vicente,
De forma semitosca assim vazados.
Primeiro movimento independente
Da colônia, teria improvisados
E frágeis meios dentro da imprudente
Fórmula proposta por impensados
Idealistas, infensos a entender
As graves conseqüências de o fazer.

119

No Rio de Janeiro prosseguia
O processo de desenvolvimento:
Por toda parte o governo construía,
As fortalezas se armavam a contento,
Melhor justiça o povo recebia,
Tornada eficaz por regimento.
Alegre, Angra dos Reis se empavonava
Com nova igreja de que se orgulhava.

120

De freiras surge o primeiro convento
No Rio, onde, para a população
São feitas obras de aproveitamento
Do rio Carioca, na promoção
De um novo meio de abastecimento
De água, moderna e boa solução.
Também se constrói um novo estaleiro
Que lança ao mar seu navio primeiro.

121

No Rio de Janeiro e imediações,
Na cidade e, das terras, na cultura,
Tinha o trabalho índio aplicações
Superiores ao negro nessa altura
Do século, dadas as excursões
Que os paulistas mantinham, com estrutura
Capaz de, em quantidade, aprisioná-los
E assim escravizados, ofertá-los.

122

Rumo ao norte, as terras intermediárias
Não saíam do estado de pobreza,
Vivendo ainda em formas secundárias,
Distintas das cevadas de riqueza
Do sul, não por terem razões contrárias
Próprias, sendo ricas de natureza,
Mas por haverem sido abandonadas,
Por vários prepostos, mal governadas.

123

Entrado o Recôncavo a situação
Se alterava com o clima de progresso
Revelado na melhor condição
Trazida pelo aplicado processo
Que permitiu boa assimilação
De um trabalho correto, com o sucesso
Da região de Salvador, já sensível,
Ou da de Pernambuco, tão visível.

124

Um donatário quis capitanias
Criar, tiradas da sua do Pará,
Como se fossem simples sesmarias:
Uma, por ele dita Cametá,
Destinou ao filho, e com honrarias
Deu a um irmão a que chamou Cumá.
Era esse tempo o da Restauração,
E foi quando o estado do Maranhão

125

Do padre Antônio Vieira recebeu
Visita, vindo como superior
Da Companhia pela qual viveu,
E sobre ela informa o notável prior
A insuficiência do nível plebeu
De vida, lamentando com candor
A ausência de açougues, hortas, ribeira,
Que permitissem, de alguma maneira,

126

Fornecimento para o comer diário.
Do Pará, para onde então seguiu,
Diz do estilo de viver ordinário
Que no primeiro momento sentiu
Pela ausência do apenas necessário,
Na forma com que reduz o que viu:
— "Para comer carne, ter caçador,
Para comer peixe, ter pescador."

127

À servidão índia, sem conseguir,
Apesar do empenho com que se dava,
De alguma forma possível reagir,
Logo o padre Antônio Vieira embarcava
De volta à corte para persuadir
Os responsáveis sobre o que faltava.
Vidal de Negreiros foi capitão
General, ao tempo, do Maranhão,

128

E ele o prestígio ao padre ofereceu
Do seu regimento, para as influências
Que faria incluir, como procedeu,
A respeito das grandes deficiências
Derivadas de um trato fariseu
De físicas e morais indecências.
Mais tarde, por tais sucessos odiado,
Foi preso e para o Porto degredado.

129

Com Santa Catarina foi premiado
Um certo Barbalho que não durou,
Mas só faleceu após ter prestado
Um serviço que, enfim, o eternizou:
Fernão Dias Pais, o mais proclamado
Faiscador dos sertões, ele indicou
Para, de minas, o descobrimento,
Motivado por seu conhecimento.

130

O rei português, muito motivado
Pela proposta, chegou a escrever
A Dias, falando-se esperançado
Pelo que dele se ouvia dizer.
Recebeu logo a corte um resultado
Impossível de se fazer prever:
Turmalinas, topázios, ametistas,
E esmeraldas, em mimos repentistas.

131

O fim do século se aproximava
Trazendo alguns atritos de fronteiras:
Ao norte, aos paraenses preocupava
Movimento francês que nas esteiras
Do fulgor de Luís Quatorze tentava,
Chegando de Caiena, pelas beiras,
Ao Amazonas buscar se estender:
Cumpria aquela área defender.

132

O Brasil do Dezessete sofreu
As desordens da vida portuguesa
Que o espanhol jugo tisnou e rendeu,
Induzindo-lhe vergonha e fraqueza
Para muito perder, como perdeu,
E amargar longa fase de tibieza,
Da qual só escapou, ferida, carente,
Aliada a heróis colonos, penitente.

133

Mas o século saía de pauta
Sem cumprir para os homens a missão
De não deixar que a sinfonia nauta
Do Dezesseis virasse a maldição
De um ruído infame ao pé do som da flauta
De um querubim em mágica audição
Pela volta da Razão em fulgor,
Na sagração final do Redentor.

134

A poderosa dádiva divina
Do encontro sublime do paraíso
Remanescia obscura na mofina
Prevalência das disputas sem juízo
Dos homens, os quais trilha viperina
Em percorrer insistiam, com o guizo
Sinistro de serpente a chacoalhar,
A condição humana a desdenhar.

Canto sétimo

1

O século Dezoito começava
Com o regime dos vice-reis entrado,
Pois quando o Dezessete terminava
Já vinha ele sendo antecipado:
No mesmo sobrenome se mostrava,
Com a mesma gente, o poder ostentado:
Mascarenhas, tendo em Jorge, o primeiro,
E em Vasco, o segundo, seu companheiro

2

A cidade do Rio de Janeiro
Em cem anos passara de povoado
A forte *civitas*, um verdadeiro
Formoso centro do vice-reinado,
Da natureza, inspirado parceiro,
Como bastião de defesa, louvado,
Sendo ao longo do tempo promovido
Em beleza e muito bem protegido.

3

Com fundas raízes na escravatura,
Esta não lhe era de fundo moral,
Tampouco seria ela ruptura
De compromissos de ordem material,
Como no mundo antigo era a estrutura
Que criava escravos, no mundo social:
Na realidade eles eram a mão
Recorrida à, da terra, exploração.

4

A forma de violência e iniqüidade
Com que a exploração do negro se dava,
O esmero de torpitude e maldade
Que com ele o entendimento se pautava,
A forma de inexplicável crueldade
Com a qual o senhor branco o torturava,
Foi dos quilombos, fato gerador,
Num quadro de demência e despudor.

5

Tornados redutos de fugitivos,
Já nos Seiscentos eles existiam,
Sendo seus formadores primitivos
Negros determinados que fugiam
Dos pontos onde serviam cativos,
E, mal chegados, por vingança ardiam.
Em meados do Dezessete, Palmares
Simboliza o mais nobre dos altares

6

Da luta negra que se organizava
Com curiosos moldes de sincretismo:
De arremedos de justiça gozava,
E na religião, um paralelismo
Ou convergentes linhas se notava
De crenças próprias com o catolicismo:
Com devoção, reverenciava ela
Cultos negros, com imagens e capela.

7

Havia mesmo um rei que fora eleito
— Ganga-Zumba, era como se chamava,
Nome tratado com grave respeito
Pelo grupo que a ele se curvava
Em vassalagem, pelo alto conceito
Do qual entre os revoltados gozava —,
Mas teve um triste fim, quando o paulista
Domingos Jorge Velho, sertanista,

8

Que com companheiros pernambucanos
Organizou, do quilombo, a invasão,
E que, com outro grupo de alagoanos,
Havendo do chefe feito a prisão,
Decidiu degolá-lo, por insanos
Ímpetos movido, fazendo então
Com que a cabeça sangrenta, cortada,
Fosse em praça pública pendurada.

9

Guararapes, uma das principais
Provações que o Dezessete afetaram,
Havia atingido fundamentais
Fibras da paixão que desabrocharam
Nos brasis sentimentos nacionais
Os mais fortes, que enfim se transformaram,
Com a imagem pura da temeridade,
No primeiro passo da liberdade.

10

Na virada do cento, justamente,
Das minas de ouro, as primeiras notícias
Chegaram às áreas povoadas com atraente
Apelo, em vista das muito propícias
Informações que causavam veemente
Paixão, capaz de inspirar as delícias
Mais enlevantes e mais deleitosas
Nos que o procuravam, sem proveitosas

11

Conseqüências para o esforço mineiro.
Pelo Caminho Geral do Sertão,
Que saindo do Rio de Janeiro
Chegava às Minas, o novo portão
Da fortuna, cuja busca dinheiro
Farto já derramara na região,
Vila Rica, era atingida afinal,
Para mudar a vida colonial.

12

Passou a coroa a dar concessão
Para ser o rico solo explorado,
Com isso cobrando participação
Sobre o valor que fosse retirado
Pelo interessado na exploração,
Cobrada em proporção ao resultado.
Tal imposto de quinto foi chamado,
Por ser de um quinto do total achado.

13

O descobridor Fernão Dias Pais
Foi um dos primeiros a ver indícios
Dos veios do ouro preto das Gerais,
Achado que fruiu dos benefícios
Do trabalho e competência especiais
De seu genro Borba Gato, de ofícios
Sertanistas precisos e brilhantes,
Na linha dos valentes bandeirantes.

14

No século dezoito começou,
Além do ouro, a busca de diamantes,
Tão farto que no tempo superou
A produção mundial, com deslumbrantes
Sóis com os quais a Europa se iluminou,
Rediviva em seus raios fulgurantes.
Sobre eles também o quinto incidiu,
Que a capitação depois substituiu.

15

Três milhões de quilates produziram
As minas coloniais nos Setecentos,
Um volume tal que os preços caíram
Antes do começo dos Oitocentos,
E assim os impostos se reduziram,
Porque, descontrolados, os aumentos
De oferta não puderam ser contidos,
Por necessários mais que pretendidos

16

Nos porões de um tesouro maltratado,
Precisando como nunca de meios,
Por erros e lutas depauperado,
Para enfrentar seus crescentes custeios.
O diamante, em quantidade encontrado,
Foi fator de riquezas, que eram esteios
Do Distrito Diamantino mineiro,
Mesmo sendo, no tempo, passageiro.

17

Mas foi de ouro a grande contribuição
Econômica ao Velho Continente,
Das vísceras, tirada, da nação,
Explorada com a maneira impudente
Das reinantes cupidez e ambição.
Drenado numa exportação crescente,
A mundial reserva sextuplicou
Quando, à existente, o do Brasil somou,

18

Ao longo dos três centos que seguiram
O descobrimento, mas concentrado
No terceiro, em que, por fim, descobriram
Os colonizadores o buscado.
Porém vicissitudes se seguiram,
E da fortuna, muito foi lançado
Das mais pródigas lusas algibeiras,
Nas avaras, com práticas rasteiras

19

Da pérfida Albion, na sofreguidão
Com que seus negociantes operavam.
O colonialismo, na sujeição
Natural dos que se subordinavam
Ao seu talante, criara a contenção
Dos transportes que não se destinavam,
De algum modo, aos portos de Portugal,
Fossem de gente ou de carga geral.

20

Concentrando as atenções no Ocidente,
Depois de muitas perdas no ultramar,
Os lusitanos decididamente
Viram que ao Brasil caberia dar
O antigo lucro tirado ao Oriente,
Cabendo ainda bem considerar
Que após o domínio dos espanhóis,
Com as finanças tosquiadas, os reinóis

21

Tinham a situação ainda agravada.
Mas também a colônia progredia,
Com uma classe dominante assentada
Na área rural, enquanto a burguesia,
Nas cidades do litoral centrada,
Era mais de lusos que se fazia,
Junto às atividades mercantis
Protegidas do acesso dos brasis.

22

Na produção dos campos confinados,
Das decisões que os afetavam, ausentes,
E no comércio desaparelhados,
Inermes para defender prementes
Interesses e preciosos cuidados,
Por inúmeras razões, descontentes,
Os naturais tão desfavorecidos
Sentiam-se magoados e ofendidos.

23

Surgiram as primeiras rivalidades
E segregações tantas e tamanhas,
Com todas e quaisquer disparidades
Tratadas em ardilosas artimanhas,
Que não mais caberiam habilidades
Nem mais confiança ou tolerância estranhas
À realidade que enfim despontava,
E que muito, de aversão, carregava

24

De, entre as classes, evidente existência.
Do comércio de vida fervilhante,
Contada, de crescimento, a tendência,
E o sintoma bastante preocupante
De estar a agricultura em decadência,
Nascia uma forte e desconfortante
Impressão de desencontro e amargura,
Sinal, em confronto, de uma cultura.

25

Enquanto isso o Velho Mundo vivia
Uma das muitas crises habituais
Com a difícil sucessão que ocorria
No trono espanhol, despertando a mais
Grave rivalidade, que envolvia
Distintos interesses radicais,
Por um lado, de ingleses e holandeses,
Por outro, dos poderosos franceses

26

Em tempo do Rei Sol muito habituados
Com o exercício do brilho e da pujança,
Os quais foram mesmo assim derrotados,
Provocando desejos de vingança
Dos que, como Portugal, afastados
Se tivessem revelado da França.
No ano dez do Dezoito, salteadores
Gauleses afrontaram os defensores

27

Do Rio de Janeiro e, contornando
A cidade, para o sul navegaram
E acabaram em Guaratiba ancorando.
Com o comando de Duclerc avançaram,
Mas no centro urbano foram encontrando
Pesadas resistências que se ampliaram
E impuseram, os levando a recuar
Para, rendidos, depois se entregar.

28

Duclerc foi morto com reprovação
Em toda a Europa, que qualificou
A morte como homicídio e traição,
Gerando assim pretexto que marcou
Razão para a segunda expedição
Que René Duguay-Trouin comandou,
Cerca de um ano após a malograda
E desastrada, da anterior, chegada.

29

Os dezesseis navios que arribaram
Traziam seis mil homens bem armados,
E ao largo da baía se postaram
Com os canhões da artilharia assestados.
Logo os invasores desembarcaram
Para se porem nas praias formados,
Com presença imponente intimidando
A tíbia defesa que, vacilando

30

Na imperícia, não se fez resistente,
Passando logo a sofrer deserções
E, perdendo a moral completamente,
Renunciou às antigas tradições,
Recolhendo seu maior contingente
De homens combalidos e seus canhões
A zonas afastadas do interior,
Coberta de surpresa e de temor.

31

De Duclerc, os soldados prisioneiros
Foram rapidamente libertados,
E com a vitória os francos matreiros
Cobrança impuseram, que indenizados
Deveriam ser como quinhoeiros
Dos prejuízos daqueles, derrotados.
Paga com escorchamento popular,
Possível foi da estranha paz tratar.

32

Ficou, por certo, o povo enfurecido
Com o fracassado reinol comandante,
Que no Rio de Janeiro vencido
De maneira tão vil e acabrunhante
Fora ainda, com espanto, convencido
A fazê-lo revel participante
Do inglório e descabido pagamento,
Sem ter respaldo em qualquer fundamento.

33

Com conventos e mosteiros saqueados,
As estruturas de moral destruídas,
Seus orgulho e brio vilipendiados,
Reservas e poupanças invadidas,
A cidade exigiu fossem afastados
Os governantes, como substituídas
As lideranças da defesa armada,
E a ela, nova organização dada.

34

Emboabas, apelido aos forasteiros
Dado pelos paulistas aos chegados
À zona onde atuavam como mineiros,
Visava debochar de improvisados
Concorrentes nas áreas dos canteiros
De lavra, nas quais eram detestados.
Entre aqueles, lusos pontificavam,
E aos outros não paulistas se juntavam.

35

Acentuou-se, das terras, a disputa,
Paulistas combatendo as concessões,
E começou assim então a luta,
Acesa em torno das novas paixões.
Passou-se que valentes na conduta,
Foi árduo enfrentar em tais rincões
A força da coroa organizada,
Que a revolta sujigou, sufocada.

36

Tantos sucessos foram inspiradores
De novas convicções nacionalistas,
Como pouco após alguns sucessores
Que, envolvendo interesses nativistas
Em Pernambuco, foram promotores
De novas posições antagonistas
Com freqüência entre lusos vendedores,
E retaliados brasis compradores.

37

Devido a Nassau, Recife ofuscou
Olinda, onde havia permanecido
O grupo de senhores que ficou,
Por ser da elite rural, esquecido
Na sede, cujo brilho bruxuleou
Em confronto com o mais enriquecido
Fulgor da urbe vizinha adotada,
E que ficara muito embelezada.

38

Eram lusitanos os comerciantes
De Recife, comumente chamados
Mascates, termo com o qual os habitantes
De Olinda, amargamente relegados
A, do progresso, meros figurantes,
Opressos por reinóis endinheirados,
Com ressentimento manifestavam
A séria mágoa que não ocultavam.

39

Havia em Recife rivalidade
Aberta com a capital arruinada
Na guerra, pois sua prosperidade
Contínua tornava mais inflamada
A ambição da recente atividade,
Pelos lusos mascates dominada:
Levá-la, de cidade, à condição,
Era deles a maior pretensão.

40

No ano dez aprovou-se a autonomia
Do Recife e construiu-se um pelourinho
Simbólico da clara antinomia,
O qual veio acrescentar-se ao cadinho
Que fundia as peças da anatomia
Da guerra, da qual seria um espinho
Venenoso para a provocação
Solerte, que redundou na invasão

41

Da cidade por vinte mil irados
Partidários dos senhores-de-engenho
Por eles adrede mobilizados,
Os quais com competente desempenho
Fizeram fugir os apavorados
Mascates, implorando ao Santo Lenho,
Com o governador que os acompanhava,
Saber de que forma se derrotava

42

Aqueles brasileiros audaciosos,
Que nomearam novo governador
Na pessoa do bispo local, ciosos
De preservar o apurado fervor
Que os mantinha legalistas fogosos,
Pois traziam claramente um pendor
De funda inspiração separatista,
Como republicana e nativista,

43

Da qual um fidalgo da Casa Real,
Bernardo Vieira de Melo, mostrou
Ser um defensor incondicional,
E sem dissimulações revelou
Tal paixão que reação emocional
Nos próprios companheiros despertou,
Fazendo que acabassem por prendê-lo,
Incapazes que eram de compreendê-lo.

44

Mas logo os mascates se organizaram
E ensaiaram o controle retomar
Da cidade, para o que recrutaram
Forças poderosas, as quais armar
Puderam com recursos que formaram.
Ao vencer, decidiram confiscar
Muitos bens dos senhores derrotados,
De traição outros fazendo acusados.

45

Dissiparam-se os ideais libertários,
A chama republicana apagou-se,
Tiveram sucesso os totalitários
Proveitos da coroa, a qual fechou-se
Perseguindo os impulsos temerários,
Dos quais assim torpemente vingou-se.
Logo a metrópole enviou um novo
Governador para tanger o povo.

46

Do cento, ao fim da década primeira,
O vôo da grande humana aventura
Viria a receber da brasileira
Criatividade projeto à altura
Da revolução que se achava à beira
De se promover na industrial cultura:
O padre Bartolomeu de Gusmão
Construiu a Passarola, o seu balão,

47

E fê-lo em Lisboa experimentado,
Na presença da corte que, reunida,
Assistiu a um ensaio malogrado,
Mas a seguir prova bem-sucedida,
Havendo o sacerdote se elevado
Com seu aparelho à altura medida
De quatro metros, o que na cidade
Lhe trouxe enorme popularidade.

48

O Século das Luzes se adentrava
E predominava o racionalismo
Como doutrina que se apresentava
Com forte dose de um materialismo
Que a religião revelada negava,
Mas respeitava a expressão do deísmo,
Fé num criador que a natureza dava,
E na ordem que o universo demonstrava.

49

Na *Enciclopédia* Diderot propunha,
Dos valores espirituais de então,
O afastamento que o progresso impunha,
Das tradições antigas, negação,
Pelas razões que, com paixão, expunha
Das bases da chamada Ilustração.
Surgem os déspotas esclarecidos,
Por essa ordem de idéias trazidos.

50

Nasce na Europa a crise de consciência
Ou a fé numa ordem racional,
Que preparada com o avanço da ciência
Vinha avelhantar o tradicional,
Com fundamento certo e proficiência,
E desprezo pela herança feudal.
O fenômeno atinge Portugal,
Sendo ministro o Marquês de Pombal.

51

Já o século pela metade ia,
Quando, o marquês, o monarca chamou,
E imbuído pela idéia que o invadia,
Como homem de confiança o encarregou
De usar de força da qual o investia
E do prestígio com o qual o cercou
Para fazer o país avançar,
Do atraso histórico, desencalhar.

52

A base do luso mundo mudava
Com as colônias carentes de defesa,
E dentre elas, por força, despontava
A terra brasileira, com a riqueza
Que tanto, das outras, a destacava.
Assim, as instruções de Sua Alteza
Eram de com o Brasil incrementar
As trocas, para a posse reforçar.

53

Grande mal também o ouro provocara
Ao reino, porque o enriquecimento
Financeiro a que o processo levara
O fizera abandonar o segmento
Produtivo, e portanto o condenara
A transfigurar-se num elemento
Infértil, de presença extemporânea,
Distante da fase contemporânea

54

Na qual o Velho Mundo parecia
Estar sensivelmente mergulhando.
De tal forma, ao novo ministro urgia,
E sem qualquer outro considerando,
Cumprir a tarefa que lhe assistia,
Atendendo a, da sensatez, o mando:
Aumentar, da colônia, a produção,
Aceitando a industrial revolução

55

Que despontava com pleno vigor.
De tantos ventos se beneficiava
O Brasil, que, com natural pendor,
Do novo tempo, que recuperava
Para a metrópole o antigo esplendor,
Melhor proveito tirar procurava.
Resultou que, a seguir do ciclo do ouro,
Novo ciclo de açúcar e os do couro,

56

Do tabaco, do cacau, do algodão,
Viriam para ser introduzidos
Após a febre da mineração.
Os teares ingleses, desenvolvidos,
Já se ocupavam com a fabricação
De tecidos finos, com os quais providos
Eram os povos europeus requintados,
Tornados adeptos entusiasmados

57

Da fina fibra leve tropical.
Foi quando a mineração reduziu
O seu tremendo ímpeto vital,
Que a produção agrícola surgiu
Renovada, na vida nacional,
Em uma programação que cumpriu,
Além da exploração da velha cana
E da extração de pau-brasil, profana

58

Do nome, relíquia do povo, amado,
Marca da original beleza pura
Dos céus, feita topônimo inspirado,
Resumo da terrena formosura.
O interior fica um pouco abandonado
Com o renascimento da agricultura,
Pois as terras férteis mais procuradas,
Bem próximas do mar eram encontradas.

59

O café nos anos vinte é plantado,
Vindo pelas mãos de um desbravador,
Melo Palheta, que o fez transportado
De Caiena para tornar-se o ator,
No fim do século, de um renovado
Surto do nosso comércio exterior.
Na base de todo esse crescimento
A escravatura dava triste alento.

60

Com o comércio, o poder ao litoral
Retornou rumo às maiores cidades,
Formando uma tendência liberal
No contágio com as grandes novidades
Do pensamento europeu, em fatal
Confronto com o das velhas sociedades.
O espírito democrático avança,
E aquece, da liberdade, a esperança.

61

Prossegue a capital em Salvador
Até que, na década de sessenta,
Surge o movimento transferidor
Que para a Guanabara a movimenta,
Levando a *civitas* para o esplendor
Do espantoso anfiteatro que ela ostenta,
De elevadas montanhas florestadas,
E praias, com fina areia bordadas.

62

Com três e meio milhões de habitantes
O Dezoito o Brasil encerraria,
Mas sem muitas cidades importantes,
Sendo a maior Salvador da Bahia,
Que tinha trinta vilas circundantes.
Da colônia, em delegada chefia,
A partir de instituído, o vice-rei
É o representante da lusa grei,

63

E, no Rio, com altas prerrogativas,
À coroa, apenas, subordinado,
O poder exerce, com as diretivas
Do instrumento com o qual era nomeado.
São Paulo, ainda distante das vivas
Forças de então só seria elevado
Com o ciclo do café, que chegaria
Somente quando o século assistia

64

À sinalização do seu final.
Pernambuco também se imobiliza,
Sem maior crescimento material,
No Maranhão, a ação se concretiza
Sobre a produção da fibra especial
Do algodão, a qual logo polariza
Todo o nordeste, e a ele depois seguem
Áreas do sul e centro, que conseguem

65

Obter condições para aclimatar
A cultura em suas ecologias.
Ficou a região norte a dedicar,
Em todas as suas capitanias,
A maior prioridade ao gado criar,
Restando aos jesuítas as primazias
Das missões ao amazônico ecúmeno,
Colossal monumento catecúmeno.

66

Foi nos anos cinqüenta que Pombal,
Dos jesuítas, as côngruas suspendeu
Mostrando imenso poder temporal,
E a presença inaciana recolheu,
Antecipando-se à bula papal
Com a qual, mais tarde, a igreja procedeu
Da mesma forma, para todo o mundo,
Em alteração de alcance o mais profundo.

67

Em Lisboa imperava a Inquisição,
Quando mal era o Dezoito iniciado,
E ela exportou a própria maldição
Às terras do Brasil tão afastado,
Promovendo a cizânia e a delação,
Que ocorrem, quando o nada é condenado.
Acusações quaisquer, as mais prosaicas,
Ou as infames, por heranças judaicas

68

Que estigmas deixavam por gerações,
Faziam do indivíduo um impenitente,
Um pertinaz cheio de convicções,
Um falso, simulado, confitente,
Ou ficto, impreciso nas opiniões,
Como imaturo, insensato, profluente.
Muitos acusados eram mandados
A Lisboa, para serem queimados.

69

O país, em constante crescimento,
Maiores atenções espirituais
Exigia para dar mais alento
Religioso às várias classes sociais,
E à Cúria pareceu ser o momento
Para criar dioceses adicionais:
Para São Paulo e Minas, dois bispados,
E duas prelaturas, que prelados

70

De Goiás e Cuiabá precisavam.
De paz, a correta negociação
Fez brasileira a região em que estavam
Os Sete Povos das Missões, bastião
Do extremo sul, os quais se incorporavam
Com as artes de Alexandre de Gusmão,
Irmão de Bartolomeu, que, paulista
Como ele, foi o notável estadista

71

Que com enorme senso negociador,
No ano cinqüenta propôs solução
Com o projeto que foi orientador
Do Tratado de Madrid, conclusão,
Como instrumento pacificador,
Da brasileira posse da região.
A negociação foi considerada
Vitória extraordinária que, louvada,

72

Não evitou lutas nacionalistas
Que jesuítas e índios envolveram,
Tratadas por inúmeros cronistas,
Dentre os quais, o maior, que comoveram,
Registrou com lirismo tais conquistas
Gloriosas que no Brasil ocorreram.
No seu Uraguai, Basílio da Gama,
Poeta ilustre, relatou toda a trama,

73

A qual Gomes Freire de Andrade expõe
Com épica tão heróica e destacada
Que um registro de nobreza lhe impõe,
Conde de Bobadela, respeitada
Senha que polida liga compõe,
Com suas qualidades amoldada.
Quando, mais tarde, a disputa inclemente,
E entre as coroadas testas permanente,

74

Fez o tratado ser desrespeitado,
O fim da Colônia do Sacramento,
Como brasileira, foi o resultado,
E do grande estadista, o sofrimento,
Pelo muito que de si tinha dado,
Acabou por levá-lo a abatimento
Tal que a morte veio rápida tê-lo,
Monstruosa, no seu afã de abatê-lo.

75

O reinado de Dom José primeiro,
Com Pombal, o governo presidindo
Como competente e fiel escudeiro,
Acabou, para o Brasil, produzindo
Resultado bastante lisonjeiro,
Pela luz, que acabou introduzindo,
Refletida a partir da Ilustração,
Que veio dar vida nova à nação.

76

Os ideais libertários se juntavam
Como gotas de mercúrio em polida
Pedra, e as manifestações combinavam,
Mesmo originadas da mais sortida
Gama de idéias que então pululavam
No século, de maneira incontida.
O país começa a ser esmiuçado,
Política e socialmente estudado:

77

Escrutinava-se a corografia,
Levantavam-se as riquezas jazidas
No ventre da espantosa orografia,
Buscavam-se as origens definidas
De uma quase infinita hidrografia,
Avaliavam-se as minas escondidas.
No conjunto dos estudos permeava
A visão nacional que se afirmava,

78

E tendo entrado nos anos oitenta
O grande século da Ilustração,
Na literatura épica ostenta
O poema de Santa Rita Durão,
Caramuru, num grito em que apresenta
A epopéia da colonização
Que se passava num cenário idílico,
Trazendo uma história de amor brasílico.

79

Quando o bom rei Dom José faleceu,
E derrubado o Marquês de Pombal,
Dona Maria primeira ascendeu
Ao trono, para iniciar festival
De insanidades tais que mereceu
O epíteto que a marcou, magistral,
De Dona Maria, a louca, cunhado
Com horror e de revolta impregnado.

80

Tempo da americana independência,
E também da Revolução Francesa,
Em Portugal ocorria a falência
Das instituições, com a antiga princesa,
Filha do rei, promovendo a insolvência
Financeira do Estado, com a despesa
Pública entregue a um ministro incapaz,
Perdido em desocupação mendaz.

81

Retornara o poder à fidalguia
Corrupta, reacionária e dissipada,
A qual, de maneira inepta, o exercia
Com a anuência da rainha tresloucada,
Que olhos grossos para tudo fazia,
Enquanto facilmente era enganada.
Fervia o cadinho da sedição,
Fulgia o prêmio da libertação,

82

Com a Inquisição pondo fogo à fogueira,
Perseguindo mouros e cristãos-novos,
Horrenda e cega, levantando a poeira
Sedimentada da vida dos povos,
Revolvendo, incompetente, a sujeira
Acumulada em esquecidos covos,
Pelo convívio humano entre os colonos,
Do Novo Mundo, os verdadeiros donos.

83

Havia pouco, eram eles meninos,
Com existência futura promissora,
Bem-educados, superiores, finos
Espíritos, justos, de alma canora,
À liberdade ofertando os destinos,
De coragem, dotados em pletora:
Brasileiros com grandeza, entusiastas,
Da colonização, iconoclastas.

84

Da América inglesa, as luzes que vinham,
Neles despertavam admiração
Correspondente à inquietude que tinham,
Pela liberdade, na inclinação,
Dada a abençoada angústia que continham
Mal, no reinante clima de paixão.
E assim buscam, no herói da independência,
Thomas Jefferson, a clarividência

85

Em registrado encontro que famoso
Veio a tornar-se, feito ao sul da França,
Por onde andava aquele homem assombroso
E do qual ficou marcada lembrança
Nas referências quanto a um misterioso
Viajor que, por cartas, então o alcança
Em Paris, onde, feito embaixador,
Se tornara inflamado promotor

86

Da notável experiência americana,
Certo do fim dos reis e imperadores
Com a nova fórmula republicana
Fadada a combater exploradores,
Apertados, perdendo a tramontana
E a condição de colonizadores.
Vendek, era o epíteto nominal
Do seu interlocutor especial,

87

Que, do Brasil, iria à França vê-lo,
E pedir-lhe ajuda internacional
Ao movimento, para promovê-lo
De maneira visível e intencional,
Concretamente, ajudando a fazê-lo,
Na busca de uma vitória triunfal.
Acontece que em Lisboa, entrementes,
Chegava o brasileiro Tiradentes,

88

Joaquim José da Silva Xavier, dito,
Para levar projetos especiais
Em comissão de conteúdo esquisito,
Dando ares de que além das mais banais
Razões de fachada, fosse o maldito
Futuro conspirador de infernais
Intenções contra o jugo português
Representar o seu grupo maltês

89

Na visita, com sigilo marcada.
De volta, Tiradentes acionou
Ampla divulgação apaixonada,
E com ela promoveu e revelou
O apoio de potências à jornada
Com grandes homens, dos quais não citou
Nomes, mas que fez por enfatizar,
E o solidário apoio ressaltar.

90

Eram eles Domingos Vidal Barbosa,
José Maia e José Mariano Leal,
O primeiro nascido na formosa
Região das Minas, objeto do real
Zelo, pela emulação poderosa
Gerada com a riqueza mineral
De suas entranhas, tão proclamada,
E por todas as gentes cobiçada.

91

Faziam parte dos esclarecidos
Grupos que se tornaram inconformistas,
Após conhecimentos adquiridos
Por anos de influências iluministas,
E que com sentimentos repartidos
Forjaram-se em radicais ativistas.
Eram diplomados nas européias
Universidades, cheios de idéias

92

Próprias do período que atravessavam,
E refulgiam tanto que crescer
Fizeram o entusiasmo com que as pregavam,
Alastrando-se a mensagem a valer
Por onde andavam e se comunicavam,
Proclamando a corrupção do poder
Monárquico, lembrando a servidão
Que resultaria da aplicação

93

Do novo imposto que fora inventado,
A Derrama, visando completar,
Sem fundamento, um valor arbitrado
Anual para a coroa ornamentar.
O grupo original foi aumentado
Com a chegada de outro complementar:
Havia no ar um frêmito de história,
Liberando um perfume de vitória!

94

Ao decréscimo da produção de ouro
Em Minas Gerais não correspondeu
Qualquer prejuízo ou fase de desdouro
Conseqüente das artes, mas se deu,
Pelo contrário, um verdadeiro estouro
De sucesso das obras, que varreu
A província durante a decadência,
Trazendo mestres de alta proficiência,

95

Nos mais variados campos da pintura,
Como na encarnação da imaginária,
Telas e afrescos, também na escultura
Dos relevos vários e da estatuária,
O mesmo ocorrendo na arquitetura,
Na música, na vida literária.
De homens de escol, era esse o cadinho
Formador, para o escolhido caminho.

96

Revoltados contra o governador
Luís Menezes, Minésio Fanfarrão,
Chamado assim pelo denunciador
Tomaz Antônio Gonzaga, que, então,
Como Critilo, se tornou o criador
Das *Cartas Chilenas* e da Instrução
Que as acompanha, contando ocorrências
E criticando as vividas violências.

97

Ao pé de Gonzaga havia um plantel
De homens, almas e mentes em primor:
Um deles, José Álvares Maciel,
Jovem rebento do capitão-mor
De Vila Rica, da Europa o pincel
Trouxera para o retrato de amor
Sublime que, com paixão, compusera,
No correr da vilegiatura e espera

98

De estudos, longe da pátria oprimida.
Retornando ao Rio, se aproximara
De um alferes de paixão incontida,
E que ao ouvir seus planos se exaltara,
Levando-os, de forma repetida,
À presença de homens que convocara,
Dentre intelectuais e poetas mineiros,
Os quais assim juntaram-se aos primeiros.

99

Alvarenga Peixoto, beletrista,
Antônio Gonzaga, que era ouvidor,
Cláudio Manuel da Costa, grande artista
Da literatura e conspirador
Muito ativo, poeta neoclassicista,
Acompanhados com muito vigor
Por clérigos de vontade indomável,
Coragem a toda prova, formidável,

100

E por Freire de Andrade, comandante
Da tropa regular que decidira
Aderir à aventura, num rompante
Solidário que dos sonhos retira
Uma proposta heróica e entusiasmante:
Caso a Derrama não fosse mentira,
Às ruas, um grupo armado sairia
E a República se proclamaria,

101

Ocupadas as vilas principais,
Com uma junta provisória formada.
Tinham os conspiradores ideais
Que amparavam a visão imaginada,
Nascida de inspirações liberais
E da progressão por ela visada:
De uma universidade, a fundação,
Da torpe escravatura, a abolição.

102

Mas o entusiasmo os tornara imprudentes
E passaram a se expor em demasia,
Até que um dia o jovem Tiradentes,
Exposto em sua aberta valentia,
Foi denunciado pelas inocentes
Ambições de nobreza e galhardia.
Com ele foi todo o grupo aprisionado,
Promovendo-se um processo arrastado

103

Que ao terminar declarou condenado
Tiradentes, que nunca se desdisse,
A encerrar, com morte horrenda, enforcado,
Sem julgamento final que o ouvisse,
O movimento que é considerado,
Pela marca da história que o bendisse
Desde sempre, como um clarão brilhante,
Uma prova de grandeza ofuscante.

104

Ao mesmo tempo os demais conjurados,
Na véspera da cruel execução,
Tiveram os sacrifícios comutados,
Da Rainha Louca, por um perdão,
E foram todos eles degredados,
Como suave e tolerante expiação.
Eram dezoito os que foram punidos
Assim, da pátria querida, banidos.

105

De Gonzaga, confirmam os versos lindos
Das *Cartas Chilenas* e de Dirceu
E Marília, como seriam infindos
Seus poderes de amante e corifeu
Da liberdade, em sonho de bem-vindos
Brasileiros num mundo maniqueu,
Verdadeira acepção da realidade,
Perdida, com feroz bestialidade.

106

Cláudio Manuel da Costa desmandou-se
E foi achado num triste desvão
Da Casa dos Contos, onde matou-se.
Havendo os demais cumprido a expulsão,
Todos morreram onde determinou-se
Que fossem, na distante reclusão.
O alferes heróico foi supliciado,
Sendo seu pobre corpo esquartejado,

107

Tendo pouco mais de um mês decorrido
Desde quando, na rua dos Latoeiros,
A dez de maio, dia dolorido,
Num socavão de um dos velhos pardieiros,
Foi descoberto, e à prisão recolhido,
De todos, o maior dos brasileiros.
A forca do largo da Lampadosa
Completou a tarefa vergonhosa

108

No trágico dia vinte e um de abril.
Seus despojos foram depois levados,
Por decisão da coroa senil,
E expostos, aos pedaços separados,
Em sinistra incumbência que o Brasil
E os brasileiros deixou transtornados.
Nunca mais a chama se apagaria,
O sacrifício, a vitória traria.

109

A violência dos acontecimentos
Esgotou o século antes do fim.
A partir de oitenta e nove os momentos
Vividos pela colônia, outrossim,
Eram nada à vista dos sofrimentos
Que somente Dom João sexto, o Delfim,
Pôde, por certo tempo, contornar,
Quando da mãe Maria veio a herdar

110

O trono do reino de Portugal.
Os choques da Revolução Francesa
Tudo arrastavam como um vendaval,
Na incontrolável e crua rudeza
De uma transfiguração radical,
Que executada, gerava incerteza
No encerrar do cento da Ilustração,
Século marcante na formação

111

Do mundo dos homens, na evolução
Que ao longo dos tempos o disfarçou
Com a forma tratada, por convenção,
De mundo moderno, que prosperou
E estabeleceu mesmo a tradição
Que prevaleceu e preponderou,
Tornando-se comum definição,
De impensada e geral aceitação.

112

As artes plásticas e a arquitetura
Haviam, no século, florescido,
Fundadas nos cânones da cultura
Portuguesa, mas dentro de um sentido
Próprio, tendo elementos de mistura
Da identidade nacional, prurido
De expressão que se fez original,
Sempre presente, na arte nacional.

113

Do povo profundo vieram pintores,
Músicos, nos conventos se formaram,
Do inesperado vieram entalhadores,
No barroco, arquitetos se contaram
Numerosos, assim como escultores,
E todos, no conjunto, apresentaram
Arte esplêndida, de alta qualidade,
Magnífica prova da realidade

114

Brasileira, ao povo simples chegada
Pelas mãos zelosas dos religiosos,
Tarefa persistente e dedicada
Que apresentou os mais maravilhosos
Resultados, na tão bem revelada
Inspiração que muitos e assombrosos
Monumentos de arte soube erigir,
Do século Dezesseis, a partir.

115

Com Leandro Joaquim, Manuel Oliveira,
José Carvalho, mestre Valentim,
Pintores e artistas de igual fronteira,
Era o cenário do Rio um festim
Para o cinzel e a palheta maneira,
Em honra à antevisão de um serafim.
E foram tantos em Minas Gerais,
Manuel da Costa Ataíde e plurais,

116

Como Xavier Brito, Lima Cerqueira,
João Gomes Batista, Vieira da Mota,
Gomes Chaves, Filipe de Oliveira,
Habitantes da província remota,
Que altivos e de forma sobranceira
Prepararam a revelação que esgota
O século, quando ele enfim se escoa:
O gênio Antônio Francisco Lisboa,

117

O Aleijadinho, mestiço mulato,
Sinal soberbo da força divina,
Homem nascido em muito baixo estrato,
Leitor de compêndios de medicina
E da Bíblia, que tinha como um trato
Com os céus para produzir a mais fina
Prova da grandeza da alma do povo,
Na grande colônia do Mundo Novo,

118

Onde a nota divina da mudança
Se oferecia não só pela idéia,
Pelo exemplo vital, pela esperança,
Pelo sacrifício, pela epopéia
De grandeza contida na lembrança
Santa de um momento na Galiléia,
Mas, no bojo lindo do paraíso,
Do artista, na perfeição, o sorriso.

Canto oitavo

1

A perda das faculdades mentais
Fizera a rainha ser impedida
De ter tarefas governamentais,
Havendo ela sido, assim, substituída
Por seu filho Dom João nas regenciais
Funções para as quais estava proibida.
E no último ano daquela centúria,
Sucedia ele à rainha espúria.

2

Terminada a cruenta Revolução,
Guilhotinou-se tantos que a vazia
França importou o corso Napoleão,
Supremo mestre da cavalaria
E do seu uso na guerra de então,
Com Marte ao comando da artilharia.
Finda a paz com a Inglaterra, Bonaparte
Lança o general Lannes, que dest'arte

3

Ruma a Portugal, para lá buscar
Maior apoio às suas pretensões,
Querendo fazer o país pagar,
Sem quaisquer outras considerações,
Milhões de francos para perdurar
Existindo, através de obrigações
Repetidas, em períodos anuais,
Em nome de manter as nacionais

4

Veleidades de hipócrita existência.
As guerras com a Inglaterra, a Áustria e a Prússia,
Que ocuparam Napoleão com violência,
Além da terrível feita com a Rússia,
Retardaram a insuportável exigência,
Mas, afinal, com implacável astúcia,
Fez a França um pedido inexeqüível,
Sem qualquer atendimento possível:

5

Que à grande Albion os portos se fechassem
Em Portugal, onde se deveriam
Confiscar quaisquer bens que se encontrassem
De súditos ingleses, que seriam
Detidos, onde quer que se mostrassem.
Ficou claro que os franceses haviam
Decidido fazer imposições
As mais graves, e aumentar as pressões.

6

Logo, Napoleão quis apoderar-se
De Portugal, para o que preparou-se
Com muita lábia, a fim de aproximar-se
Da Etrúria, como a Toscana chamou-se
Então, à qual deveria entregar-se
O norte português, como achegou-se
À Espanha, à qual todo o sul prometeu,
Guardando o rico centro como seu.

7

E foi assim que em tratado agressivo
Que a existência brasileira ofendia,
Em texto de conteúdo repulsivo,
Expôs-se a visionária covardia:
França e Espanha teriam incentivo,
Enquanto a tropa conjunta invadia
Portugal, para a luta prosseguir
E do Brasil as terras dividir.

8

Os franceses em Portugal entravam,
Sendo Junot, da tropa, o comandante,
Quando a real corte com o rei embarcavam
Fugindo da situação angustiante,
E para o Mundo Novo velejavam,
A fim de buscar na terra distante,
Mais do que salvação, a segurança
De salvaguarda da casa Bragança.

9

A corte um Brasil iria encontrar
Com cerca de três milhões de habitantes,
Dentre os quais se poderia contar
Quase um terço de escravos militantes.
Haviam conseguido perdurar
Dez capitanias mais importantes,
Além de governos particulares
Em oito outros pontos complementares.

10

Produzia-se açúcar, algodão,
Café, arroz, fumo, cacau e anil,
Alguma madeira de construção,
Bens de pequeno valor, pau-brasil,
Além dos frutos da mineração,
Havendo chegado o ouro a seis mil
Arrobas no correr dos Setecentos,
Mas que não mais estava entre os portentos

11

Contribuintes da exploração voraz
Da corte, que afinal se apresentava,
Em movimento inesperado e audaz,
Por dízimos e quintos que cobrava
Seu tesouro assaz sedento e rabaz,
Como direitos sobre o que encontrava.
Lavoura e comércio experimentavam
Restrições que muito os dificultavam.

12

No norte a piaçava se produzia,
No campo variado gado se criava,
Queimava-se um bom barro na olaria,
Da carnaúba a cera se tirava,
Carne-seca e algum sal se produzia,
Internamente algodão se exportava
Para Pernambuco, que recebia
Outros bens para a sua economia.

13

Pelo nordeste, de bilros, as rendas,
As mantas da carne-seca estimada,
O açúcar vindo das grandes fazendas,
As farinhas, os coqueiros de enfiada,
Com seus cachos de cocos em oferendas,
Produção com semente aprimorada
Para o algodão e o café que chegava,
Mudando a lavoura, que renovava.

14

No Rio, pelo porto circulavam
Perto de oitocentas embarcações
Como média anual, as quais transportavam
Homens e bens de tipos e porções
As mais complexas, que determinavam
A diversidade das condições
Que a cidade podia oferecer
Naquele, dos Oitocentos, nascer.

15

Em São Paulo, já o porto de Antonina
Mostrava um crescimento relativo,
E prosperava Santa Catarina,
Por força do trabalho muito ativo
Que dali se estendia até a esquina
Do mundo hispânico, no produtivo
Rio Grande que logo ascenderia
Para tornar-se uma capitania.

16

E foi no oitavo ano dos Oitocentos
Que o rei de Portugal desembarcou,
Esbaforido, amarado por ventos
Do sopro corso que o afugentou,
Iniciando uma sucessão de eventos,
Sendo o primeiro aquele que franqueou
Os portos a quaisquer embarcações,
Para comércio com amigas nações.

17

A sete de março, o Rio se inflama
Com a chegada do regente esperado
Pelo povo, que aos aplausos o chama
De imperador do Brasil, mal chegado,
E que apaixonado assim o proclama
Por com ele ver-se livre e respeitado.
Prepara-se o palácio vice-real
Para ser a residência oficial.

18

Formou-se um ministério português
Composto por nobres estrangeirados
E induzido por força da escassez
De informações em que estavam, chegados
À terra havia pouco mais de um mês,
Ficando assim fortemente enganados
Sobre as necessidades verdadeiras,
Pelos brasis, já feitas corriqueiras.

19

A corte chegara como invasão,
Com quinze mil reinóis desembarcados,
Forma de consentida ocupação
Que obrigou a serem modificados
Certos padrões, com vasta alteração
Dos meios financeiros adotados:
Com remessas a Portugal suspensas,
Forjaram-se medidas mais extensas

20

No campo da arrecadação de rendas,
Do que resultou criar-se o Real Erário,
Capaz de sustentar tantas prebendas,
Como as despesas com o gasto suntuário
Trazido com a corte, desde as calendas
De março ávida por mais numerário.
Em outubro do ano oito, alvará real
Estabelece um Banco Nacional

21

Para a manutenção da monarquia,
Assegurando-a em seus pagamentos,
Como o intróito do alvará insistia.
O novo órgão teria instrumentos
De um banco público, que imprimiria
Papel-moeda para os fornecimentos
Que se impunham ao meio circulante,
Cuja limitação era aberrante.

22

A civilização das minas fora,
No convívio forçado do trabalho,
Certamente democratizadora
E funcionara, entre as classes, de atalho,
Em função forte e pacificadora
Para as raças componentes do entalho
Próprio da brasileira formação,
De sua identidade, condição.

23

Também foram as bandeiras e as entradas
— Na ligação estreita que a aventura
Linda produziu, agentes dotadas,
De solidariedade, da postura —,
E o gado — transformando em irmanadas,
Das terras infinitas, na lonjura,
As classes, da do peão à do estancieiro —,
Democratizantes do brasileiro.

24

O próprio rei deverá ter sentido
A força do sentimento arraigado
De independência que estava contido
No espírito do povo apaixonado,
Pois mal se encontrou estabelecido
Vaticinou, sem prudência ou cuidado,
Que viera para um império fundar,
Distante do Portugal milenar.

25

Era visão segura a do Bragança,
Pois menos de três lustros decorridos,
Um tal informe, de forte sustança,
Pelos seis continentes conhecidos
Se afirmaria, com plena pujança,
Para anunciar, a quem tivesse ouvidos,
O Império brasileiro e a Independência,
Da formação de um colosso, a evidência.

26

A liberdade do jugo europeu
Era, na verdade, o sonho geral
Do Mundo Novo, pelo qual sofreu,
Da América inglesa à meridional,
E para cuja conquista verteu
Seu generoso sangue liberal.
Sobre o despotismo das monarquias
Vitoriosas seriam as burguesias

27

Que derrotaram o poder absoluto,
Posto em cheque pela Revolução
Francesa e pelo claro e resoluto
Desejo por uma Constituição,
Vista como o poderoso instituto
Que os direitos humanos e a razão,
Movidos por ímpeto pugnador,
Ambicionavam como defensor.

28

Era Dom João um valetudinário
Casado com a filha do rei da Espanha,
O que compunha um complexo binário,
Pois sendo ela absolutista tacanha
E violenta, fundada no primário
Conceito que emanava da patranha
Do direito divino das coroas,
Ficava ele com as médias ou boas

29

Inspirações de sua natureza
Pusilânime e fraca, mas decente,
A qual, se desprovida de dureza
E convicção, não era indiferente
À mensagem ditada com clareza
Pela marcha da história que não mente:
Se ele se curvava à democracia,
Ela adorava a plena autocracia.

30

Assim, se fez uma tipografia,
Atividade que fora proibida
Até então, conseqüência da fobia
Portuguesa de que fosse atingida
A força da coroa por tal via.
Havia a imprensa sido perseguida
No quadro de um espetáculo circense,
Existindo o *Correio Braziliense*

31

Apenas, mas impresso no exterior,
Em Londres, por Hipólito José
Da Costa, que informava com sabor
Que a mistura de atraso com libré,
Praticada no Brasil com o esplendor
Vazio da corte, era vista até
Como resultado de os portugueses
Estarem afastados por muitas vezes

32

Da força hercúlea do liberalismo,
Trazida ao mundo com os conhecimentos
Nascidos do passado Iluminismo,
Vivendo melancólicos momentos
E condenados pelo obscurantismo
Que alimentava seus procedimentos.
Mesmo assim promove o rei a abertura
De três novas escolas de estrutura

33

Superior, para o retarde cobrir,
De Artilharia, Medicina e Ciências,
Que entretanto não viriam a suprir
As pesadas e graves deficiências
Nacionais, mas apenas reduzir
A imensa distância entre as competências
Profissionais de três áreas distintas,
Entre diversas, de saber famintas.

34

Mas o choque entre os grupos se estendeu,
Distinguindo entre reinóis e locais,
E entre estes, mesmo assim, se pretendeu
Diferir, dizendo mais nacionais
Os que se enquadrassem no que correu
Ter-se por brasilianos, nada mais
Do que os dos indígenas descendentes,
Considerados mais independentes.

35

Os portugueses reagiam com fúria
Contra a carência de comodidade,
A prevalência de uma informe incúria,
O clima, a moléstia, a promiscuidade,
De qualquer requinte, a total penúria,
Como também de sensibilidade.
Porém, aos poucos, o Brasil deixava
De ser colônia e já se encaminhava

36

Para, de metrópole, a condição,
Das instituições da corte, hospedeiro,
Centro do reinado, da decisão.
Portugal não sendo mais prisioneiro,
Porém, da avassaladora invasão
Da feroz tropa do corso guerreiro,
Aumentava a pressão para o retorno
Do soberano, como se num estorno

37

De um erro cometido e ultrapassado,
Em circunstância inglória e dolorosa,
E em fuga apressada transfigurado.
Dom João, oprimido pela espinhosa
Situação de ter que escolher o lado
Que lhe desse a saída mais honrosa,
Esperava e protelava o momento
Da decisão, como o temperamento

38

Seu era insistente em recomendar.
Corria o tempo, quando, de repente,
Em Pernambuco, ocorreu estourar
Um foco de revolução tendente
A hegemonia do sul, a enfrentar,
E denunciar como vezo impudente
Dos reinóis, que de longe os exploravam,
Pois com seus impostos, eles pagavam

39

Os abusos da corte perdulária,
A qual cobrava impostos descabidos
Da região nordestina feita pária,
Para cobrir despesas com sabidos
Fins de justificação temerária,
De inexistentes ou desconhecidos
Méritos que, porém, muito pesavam
Sobre a sofrida gente, que oneravam,

40

Pois não podiam eles compreender
A obrigação de tributos pagar
Para uma coroa estrangeira ter,
Num caso de citação exemplar,
Recursos com que lutar por obter
Condições para poder anexar
A zona ambicionada, em sibilina
Disputa da Província Cisplatina.

41

Não durou muito a insurreição que ardia,
E teve cunho apenas regional,
Mas, com peso, influenciou o que faria
O rei, considerando a clerical
Orientação que nela aparecia,
Gritando contra a tirania real.
Civis e padres foram fuzilados,
Negros alforriados foram surrados,

42

O líder maior, padre João Ribeiro,
Teve a cabeça decepada e exposta
No pelourinho, para o povo inteiro
Horrorizar-se com a oficial resposta.
Na história então surgiu novo roteiro,
Traçado com a morte da descomposta
Dona Maria, a louca, o qual levou
O filho ao trono triplo que ocupou:

43

Portugal, Brasil e Algarves chamou-se
O reino que as partes várias reuniu.
Pouco antes o rei também aplicou-se,
Desdenhando a rainha que seguiu
Castela, como, aliás, sempre esmerou-se
Em fazer, e convicto prosseguiu
Com passos firmes para a ocupação
Da Banda Oriental e incorporação

44

Do seu território ao luso domínio.
A influência inglesa ocupava bastante
A corte de Dom João pelo fascínio
Da força e pelo recurso constante,
Mesmo correndo o risco de extermínio
Da identidade histórica e galante,
Ao permanente apoio militar
Da hegemônica potência insular,

45

E crescera desde quando assinados,
No ano dez, os acordos comerciais
Impostos para serem destinados
A dar à Grã-Bretanha os especiais
Favorecimentos que eram visados
Pelas pressões de agentes negociais.
Por anos um monopólio se impôs,
Na solução que, com ela, se compôs.

46

Os ingleses, tornados poderosos
Assim, não comungavam com os pruridos
De expansão, que julgavam perigosos,
E com a Espanha pressionavam unidos
Para que a corte por mares undosos
Retornasse e revertesse os partidos
De orientação que vinham presidindo
A ação do rei, enquanto residindo

47

Nas terras do Novo Mundo distante.
Dono de um temperamento sinuoso,
Dom João providenciou um relevante
Movimento, buscando um poderoso
Aliado no encontro de um importante
Matrimônio de sentido astucioso:
Ao imperador da Áustria juntar-se,
Fazendo seu filho Pedro casar-se

48

Com Dona Leopoldina, arquiduquesa,
Produzindo o apoio da Santa Aliança
A Portugal, além da grande proeza
De em Metternich despertar a confiança
Para, com os argumentos da nobreza,
Mostrar-lhe que a presença dos Bragança
No Brasil era um trunfo a preservar,
Um recurso inspirado a conservar.

49

Foi no oitavo dia de fevereiro
Do ano dezoito que foi aclamado,
Em grande ato, no Rio de Janeiro,
Dom João, rei do reino consolidado
E fortalecido pelo, do herdeiro,
Casamento muito bem arranjado:
O futuro imperador do Brasil
Ajudara, no habilidoso ardil.

50

Mas a revolução liberal veio
No ano vinte a Portugal sacudir,
E o movimento agradou de permeio
Aos que do Brasil queriam expelir
O rei, os quais a usaram como um meio
Forte de a continuidade impedir
Daquela improvisada situação,
Que não mais merecia aceitação.

51

Nas escaramuças que se seguiram,
Estando as populações exaltadas
Com tais sucessos lusos, prosseguiram
No Brasil as tentativas montadas
Para forçar a solução que argüíram
Como a cabível dentre as levantadas:
Fazer do texto da Constituição
Espanhola uma completa adoção,

52

Cópia que chegou a ser assinada
Pelo rei mas que não prevaleceu,
Devido à forte reação comandada
Pelo príncipe Dom Pedro com seu
Grupo, o qual, com surpresa inusitada,
Na praça do Comércio ofereceu
Cena como nunca vista, violenta,
Triste e surpreendentemente sangrenta,

53

Quando chegou a tropa aquartelada,
Do palácio de São Critóvão vinda,
Temível e pesadamente armada,
E que juntou-se à do Rossio ainda,
Lançando-se de forma desbordada,
Levada por ferocidade infinda,
Com descontrolada sofreguidão,
Sobre a aterrorizada multidão.

54

De tudo veio o óbvio resultado:
Para o recuo serviu a violência,
E o texto de adoção foi revogado.
Passou Dom João a Dom Pedro a regência,
Tendo logo com a família embarcado
De regresso a Lisboa, com urgência.
Contrapondo-se à tendência espanhola,
O Brasil prosseguiria na escola

55

Das monarquias constitucionais,
O que lhe manteria a integridade
Territorial, escapando às fatais
Conseqüências da cissiparidade
Que os heróis a cavalo e generais
Castelhanos, com regularidade,
Impuseram às repúblicas que criaram,
Que se dividiram e multiplicaram.

56

Todo o país tornou-se sacudido
Por divisões de opinião e atitudes,
Considerando-se haver-se perdido
O momento de acesso às beatitudes
Tidas como existentes no partido
Da república, visto com as virtudes
Provadas na americana experiência,
E no entorno, na espanhola influência.

57

Estavam também os cofres vazios,
Pois os reis e cortesãos retirantes,
Nos seus desonestos atos sombrios,
Não vacilaram nos finais instantes
Em debandar com recursos vadios
Vários, valores em ouro e diamantes
Dos museus, além de todo o dinheiro
Do sofrido tesouro brasileiro.

58

Nasce o movimento da independência
Nessa fase, por Dom Pedro instigado,
Levado a aproveitar a contingência
Para vê-lo de uma vez instaurado.
O regente já insiste na imprudência
De ausentar-se, a Portugal retirado;
O patriarca Bonifácio de Andrada,
Do governo de São Paulo a "ficada"

59

Encaminha, e a desordem temendo,
Para evitar a desintegração
Que o desentendimento vai tecendo,
Convoca para a centralização,
Lembrando que o que estava acontecendo
Vinha de que, do norte, a posição
Era mais próxima de Portugal
Do que a existente no meridional

60

Território de um país tão extenso.
Ocorreu que, nas cortes constituintes
Reunidas em Lisboa, em clima tenso,
Existiram condições instituintes
De reações, com as quais um grupo propenso
A lutar, no decurso das seguintes
Sessões, começou a pôr em debate
A autonomia do Brasil no embate

61

Diário das reuniões, nas quais o orador
Brilhante era Antônio Carlos de Andrada,
Que se destacaria pelo ardor
Com que, por sua palavra encantada,
A linha do estado conservador
Em união de reinos, como tentada,
Propunha como a melhor posição,
Em fala transbordante de emoção.

62

Veio acelerada a separação.
Foram somente treze os deputados
Do Brasil que a nova Constituição
Portuguesa assinaram, e os revoltados
Sessenta e nove outros à condição
Renunciaram e à pátria retirados
Voltavam, quando no Ipiranga o grito
Ecoou para afagar o contrito

63

Coração dos patriotas brasileiros.
— O Brasil é um estado independente
E saberá fechar aos estrangeiros
Seus portos, se houver qualquer excludente
Voto em relação aos seus verdadeiros
Caminhos para o destino imponente
Que lhe traz a indisfarçável grandeza —,
Diz o conteúdo de bela firmeza

64

De uma carta que ao pai manda o regente,
Na qual diz que, por nada carecer,
O Brasil não podia a um dependente
Como Portugal unir-se a perder,
Pois para ele já era evidente
Não haver razão para recorrer,
Mesmo dentro de um quadro de desordem,
A uma tal potência de quarta ordem.

65

Com José Bonifácio no comando
Começou o novo império a formar-se,
Sempre com resistências se formando,
O norte não querendo conformar-se
Com a força do centro-sul se plasmando,
E, da regência, pronto a desligar-se.
Contratou-se então um empréstimo interno,
Depois de recusado um auxílio externo,

66

Havendo sido com ele financiada
A chegada de tropas à Bahia,
Por muitos índios e negros formada,
Marcha que depois se prolongaria,
Por jagunços e vaqueiros ampliada,
E a todo o nordeste e norte viria
A envolver, no conflito e na violência
Do feroz embate da independência.

67

Por ausência de condição legal,
O regente precisou convocar
Corte própria que constitucional
Estrutura pudesse ao estado dar,
E baixando uma lei eleitoral
Com o fim de a votação simplificar,
Instalou-a em maio de vinte e três,
Com, do povo, esperanças e mercês.

68

A Cadeia Velha, local terrível
Onde ficara preso o Tiradentes,
Era, por tudo, edifício sofrível,
Mas com pequenos retoques urgentes
Fez-se o palco improvisado e possível
Dos debates acesos e eloqüentes
Que na histórica assembléia ocorreram
E que por desencontros a perderam,

69

Pois na paixão em que foi envolvida,
Com ressentimentos descontrolados
Que pretendiam fosse devolvida
A Portugal a massa dos chegados
Lusos de todas as formas de vida,
Tornaram-se os Andradas afastados,
Fazendo com que o regente baixasse
Ato de força que a corte fechasse.

70

Tendo os Andradas em trinca impoluta —
Eram Antônio Carlos, Martim Francisco
E José Bonifácio —, a linda luta
— Também com Muniz Tavares, o arisco
Nacionalista da grande disputa,
Joaquim da Rocha ou Vergueiro —, no risco
Daquelas horas, teve os sortilégios
Especiais de se fazer com egrégios

71

Brasileiros entre os representantes
Do povo na primeira constituinte.
Após os eventos emocionantes
Da dissolução, o passo seguinte
Na caminhada de tantos e errantes
Volteios foi buscar situação fruinte
Da experiência francesa, que outorgara
Uma constituição que preparara

72

A própria coroa contra uma tal
Resistência que tornou destronado
Carlos Décimo, pelo liberal
Furor de um povo sentido e humilhado.
Fez-se no Brasil a cópia cabal
Desse processo em França utilizado,
Provocando divergências pesadas
Vindas de lideranças respeitadas.

73

Em março de vinte e quatro outorgada,
A monarquia hereditária vinha
Como a forma de governo adotada,
E a idéia de moderação continha
Com a forma de um poder, considerada
Fundamental como dorsal espinha:
Frei Joaquim do Amor Divino Caneca
Contra o Poder Moderador depreca

74

Em feroz pronunciamento em plenário,
Acusando-o de um meio de opressão
Sobre um legislativo temporário,
E em conseqüência fraco na opinião,
Assim como o era sobre o judiciário,
Com o controle que trazia na mão.
Mas a constituição era um avanço
Incontestável, se feito um balanço

75

Entre falhas e virtudes contidas
No seu texto cheio de liberdades
Conquistadas e bem reconhecidas.
Malgrado as suas boas qualidades,
Tinham no povo ficado mantidas
Revoltas contra os tempos sem saudades
Vividos quando das crises recentes,
E considerados como indecentes.

76

A revolta revolução virou,
Quando o regente o poder assumiu.
Nascida em Pernambuco, se chamou
Confederação do Equador; seguiu
Na Paraíba de onde se alastrou
Até o Rio Grande e prosseguiu
Para afinal no Ceará terminar,
Depois de quase três meses marchar.

77

Presidente da província nomeado,
Pais Barreto não foi reconhecido
Pelos locais, e sendo recusado,
Por eleição paroquial substituído
Foi, num processo do qual o indicado
Novo, Pais de Andrade, veio escolhido
De um grupo econômico poderoso,
Representando um conjunto radioso

78

De interesses rurais e mercantis,
Com fundas raízes republicanas
E formado por influências sutis,
Vindas de experiências americanas
Que tivera ao se exilar das hostis
Violências das monárquicas chicanas,
Sofridas quando da revolução
Do Dezessete, em que tivera ação.

79

Enfrentando resistências crescentes
De bem equipadas tropas locais,
Além de outras mais que eram provenientes
Do desembarque de forças navais,
Conjunto perante o qual impotentes
Se tornaram os esforços e fatais
As conseqüências para os revoltosos,
Que foram presos pelos especiosos

80

Enviados, do poder legal agentes.
Pais de Andrade, presidente do estado,
Que vinha ocupando, dos resistentes,
Por eles reconhecido e empossado,
A liderança contra os leais presentes,
Quando num momento se viu cercado
Foi se esconder, fugindo sorrateiro
Para bordo de um navio guerreiro.

81

Frei Caneca, membro do movimento,
Tendo sido detido e encarcerado
Em cela emporcalhada em escarmento,
Por certo idéia de algum celerado,
Não teve nesse fim um só momento
De angústia ou fraqueza ao ser condenado
À forca por comissão militar,
Sedenta de desejo de matar.

82

E ao vestir a alva de condenado,
Despindo o hábito de carmelita,
Marchou com passo firme e conformado
Para o patíbulo, gerando a aflita
Revolta do grupo a que fora dado
Fazer cumprir-se a punição maldita:
Três presos recusaram-se a enforcá-lo,
Restando a alguns soldados fuzilá-lo.

83

Alguns outros chefes confederados,
Dois mestiços e o padre brasileiro
Mororó, além de mais dois enviados
Estrangeiros ao Rio de Janeiro,
Acabaram também executados
No conhecido e sinistro roteiro
Dos insucessos das insurreições,
Quando não de simples conspirações.

84

Do império brasileiro, foi penoso
O internacional reconhecimento,
Tendo ocorrido até mesmo um ardoroso
Esforço resistente com o argumento
De que o direito divino, precioso,
Das classes dominantes, fundamento,
Estaria gravemente ameaçado
Pelo crime de não ser respeitado.

85

Os Estados Unidos em primeiro,
Bem depois a velha Europa curvou-se,
Aqueles com o avanço costumeiro,
Aquela, como sempre comportou-se,
Muito antiquada, sempre com o rasteiro
Zelo com o qual, no século, imolou-se:
Guardar com intransigência as monarquias,
Reprimindo as reações como anarquias.

86

Enquanto isso, a província Cisplatina,
Defendida pelo imperial poder,
Era envolvida em lutas com a Argentina,
A ambição de independência a ferver
Nos corações, aos quais a história ensina
Que a vitória foi por fim se estender.
A paz veio com justiça acabar
Com a disputa e o Uruguai formar.

87

As despesas com tais dificuldades
Geraram problemas orçamentários
Muito graves, os quais as faculdades
De governo e os recursos monetários
Eram, pelos níveis das gravidades
Dos problemas, como que refratários
E incapazes para soluções dar,
Ou mesmo os assuntos encaminhar.

88

Chegava o primeiro reinado ao fim.
Na experiência do parlamentarismo
Era o imperador tentado, outrossim,
A, na oposição do liberalismo,
Procurar uma interpretação ruim,
Opondo-se com um reacionarismo
Autocrático que o comprometia
Porque perante o povo o diminuía.

89

Era de oposição o parlamento,
E dois jornais que já se destacavam
Revelavam, da imprensa, um surgimento
Forte, com matérias que acompanhavam
As várias crises e o procedimento
Do imperador, que todos criticavam:
Sua ligação de amor afrontosa,
Através de conduta escandalosa

90

Com certa senhora que era casada,
E por acaso em São Paulo encontrara.
Domitila de Castro, apaixonada,
O Rio de Janeiro procurara
Para fazer-se a Dom Pedro ligada
De forma tão íntima que chocara
Demais a opinião pública em geral,
E os cultos da oposição liberal.

91

A situação assim constrangedora
— E com a morte da imperatriz, piorada —,
Muda com a chegada renovadora
De Amélia de Beauharnais, articulada
Segunda e nova esposa, salvadora,
Pelos políticos, imaginada.
Neta de Josefina Bonaparte,
Era por certo providência d'arte.

92

Mas era muito tarde, finalmente.
No mesmo ano, grandes dificuldades
Surgiriam, ferindo gravemente
O Banco do Brasil, que saciedades
Espúrias e ruinosas, imprudente,
Ofertara a estrangeiras entidades
Em libras esterlinas, aos milhões,
E, fechado, passou humilhações

93

Que sobre a coroa repercutiram.
Também, em Portugal, na sucessão
De Dom João, tentativas que surgiram
Do irmão Miguel de vil usurpação
Do trono da sobrinha se reuniram
Para dar a irrecorrível razão,
Por Dom Pedro febrilmente buscada:
Abdicar, para lutar pela amada

94

Maria, filha dileta, e empossá-la,
Com honra, como a cabeça coroada
Em Portugal, e a sua, descansá-la,
Para sempre, com glória indisputada.
Tendo sido impossível de evitá-la,
A decisão foi, enfim, acatada,
Apesar de esforços de congressistas
Por acolher os parlamentaristas

95

Instrumentos que, se fossem adotados
Em bloco, por certo a sobrevivência
Do imperador, desde que respeitados
Os princípios da plena convivência
Com os parlamentares, assegurados
No exercício da provada experiência
Da monarquia constitucional,
Teria sido o produto final.

96

Tinha cinco anos o príncipe herdeiro,
Deixado em crise congressual aguda
E de desequilíbrio financeiro.
Não foi por certo uma passagem muda
A percorrida por Pedro primeiro,
Mas de amplo registro, que a história estuda:
Aos lusos e aos brasis a liberdade
Ofereceu, com macha integridade.

97

Não mais José Bonifácio exilado,
Devolvida lhe foi a autoridade
Que resguardara pelo devotado
Imperador, o qual, com amizade,
Deixou-lhe o filho como tutelado,
Entregue à sua personalidade
Ímpar de brasileiro sem igual,
De condição humana excepcional.

98

Mas o país se mantinha atrasado,
Com indústria pequena de provimento
Simplório do apenas necessitado,
Comércio transformado em instrumento
Por ingleses e lusos controlado,
Lavoura dependente do elemento
Escravo, com estradas inexistentes,
Problemas políticos persistentes.

99

Às artes chegara o academicismo
Que estava na Europa em consagração,
Mas que pôs a perder o dinamismo
Da força da local inspiração,
Perdida pelo ardor do romantismo
Então presente na composição.
Veio o segundo reinado ofertar
Condições de o tempo recuperar.

100

Mil oitocentos e trinta e um era
O ano em que a sucessão acontecia,
E o governo que montar-se pudera
Por longos nove anos se estenderia:
Hábil visão política trouxera
Uma regência trina, que teria
A missão de vencer o delicado
Encargo de o príncipe abandonado,

101

De presença mágica e decisiva
No equilíbrio da vida nacional,
Feito solução sem alternativa
Previsível como institucional,
Ser instalada, tendo a diretiva
De segurar a crise passional
Que a política, tornada insegura,
Indicava em sombria conjuntura

102

Para o futuro da nação inteira.
Por toda parte conflitos surgiam,
Novos confrontos nasciam na esteira
Dos desentendimentos que seguiam,
Incapazes de vencer a fronteira
Criada entre os progressistas, os quais viam
Nos portugueses a ameaça maior,
E os regressistas que, como menor

103

E equivocado, do assunto tratavam.
No gabinete, é nomeado o mineiro
Bernardo Vasconcelos, que, esperavam
Os homens do governo, no vespeiro
Das altas finanças que soçobravam,
Poderia tornar-se um grande obreiro.
O padre Diogo Feijó na Justiça
Vai enfrentar a situação postiça,

104

Mas grave, do choque dos liberais
Com os absolutistas, transfigurado,
Na ausência dos trâmites oficiais
Da vida parlamentar, em irado
Desconforto próprio dos nacionais
Para lidar com o lusitano acuado,
Enquanto um crescente nacionalismo
Denotava presença de extremismo.

105

Foi quando veio o Ato Adicional,
E com ele, a constituição reformou-se
Assumindo conteúdo federal,
Com Assembléias nas províncias; mudou-se
Para uno o governo regencial,
E com o Conselho de Estado acabou-se.
O Ato Adicional tanto reformou
Que a república próxima mostrou.

106

Um só regente, com muito poder,
Governos provinciais em separado,
Congresso podendo fazer valer,
No executivo, sendo respeitado,
O que lhe competia resolver,
Tudo aparentemente bem montado,
Na alteração, de fundo calculista,
Em república presidencialista.

107

Fez o Ato Adicional com que mudasse
O estado de espírito ressentido
Dos liberais, embora lhes pesasse
O poder moderador, que era tido,
Caso o apontado defeito ficasse,
Como imensa submissão do partido
Egrégio defensor das liberdades
E dos direitos das comunidades.

108

Mas no seio do povo a agitação
Prosseguiu com a revolta dos cabanos
No Pará, onde era forte a reação
De gente ignara da região, fulanos,
Indivíduos da mais baixa extração,
Na forma com que os tinham os sicranos,
Iguais que servindo ao poder central,
Prestavam bons serviços no ritual.

109

Eram grupos de escravos escapados,
Mamelucos, mulatos e cafuzos,
Índios e brancos marginalizados,
Que audaciosos, valentes mas confusos,
Agiam como que mobilizados
Por objetivos incertos e difusos,
Com os quais visavam a ordem destruir,
Para um novo mundo justo construir.

110

Tinha fundo social a Cabanada,
Sendo política a motivação
De uma revolta no sul iniciada,
A Farroupilha, como a situação
Que depois ocorreu na Sabinada,
A qual fez na Bahia uma explosão
Separatista e republicana,
Instruída na exemplar americana.

111

Já Feijó, nesse tempo, renunciara,
E o "ministério das capacidades",
Que o vice Araújo Lima formara,
Chegou buscando possibilidades,
Disposto desde quando se instalara
A encontrar novas solidariedades
Que o sustentassem para governar,
Fundado na figura luminar

112

De Vasconcelos, o grande orador
Mineiro que os conflitos da regência
Levaram a fazer-se conservador,
Migrando após discurso de pungência
Tal que transformou-se, com seu calor,
Em brado histórico de alta excelência.
Aproximava-se a maioridade,
Pela qual havia grande ansiedade

113

Entre os liberais, que estavam cortados
Do poder a partir do afastamento
De Feijó, e já muito limitados
Pelo, com os regressistas, provimento
Das funções da regência, revoltados
Com a rapidez do desenvolvimento
De Lima, o futuro Marquês de Olinda,
No esforço e na malícia quase infinda

114

Com que a vez dos companheiros urdia.
Para eles era uma situação
De extrema gravidade, e assim urgia
Que se fizesse uma composição
Cuja idéia central já entressurgia
Nas inteligências da agremiação:
Tornar por lei o imperador maior
Seria, das soluções, a melhor.

115

Foi como num golpe parlamentar
Que os liberais conseguiram o intento
De a situação, por um tempo, virar,
Manobra que lhes trouxe um novo alento
Nas vindas condições de organizar
Um ministério com o melhor talento
Dentre os homens que o partido compunham,
E que mais fortes, no quadro, se impunham.

116

Mas pouco dura a força liberal.
Pressão política se sobrepõe
E a supressão pelo Ato Adicional
Do Conselho de Estado se propõe
Rever, sem modificar o imperial
Direito, que o exercício pressupõe
Do moderador poder, de nomear
Ministros sem precisar consultar

117

As casas do poder legislativo.
Surge um ministério conservador,
Organizando-se um processo ativo
De fazer-se o menino imperador
Pender para o mais comunicativo
Que se houvesse feito o interlocutor.
As lutas entre os partidos rivais
Seguem pelos quadrantes nacionais.

118

Nos dez primeiros anos que seguiram,
Até que não só a maioridade
Legal que os políticos conseguiram,
Mas a verdadeira maturidade,
Atingisse o imperador, eclodiram
Lutas vindas dessa rivalidade.
Do povo, o Balaio, na Balaiada,
Inicia perigosa empreitada

119

Com os negros Cosme e Lamego, reunidos
Aos populares Ruivo, Pedregulho,
Gavião, Coco e outros, que enfurecidos
Passaram no norte a falar do esbulho
Dos direitos dos não favorecidos,
Por obra da indiferença e do orgulho
Da política oficial praticada,
Vista por eles como injusta e errada.

120

Em Minas e São Paulo ocorreriam
Diversos e violentos desencontros.
Os liberais no primeiro teriam
No comando dos tremendos confrontos
Teófilo Otoni e outros que o seguiam,
Deputados que se encontravam prontos
Para a luta, como Padre Marinho,
Dias Carvalho, Melo Franco, vinho

121

Tirado do tonel da liberdade,
Que em Minas Gerais o povo embriagava.
Ele era um movimento de cidade,
Diferente do anterior que se dava
No norte, que tinha autenticidade
Maior nas áreas em que se internava
Nas profundezas das zonas rurais,
Onde se passavam as lutas sociais.

122

Em São Paulo o comando se formara
Obedecendo a um rico brigadeiro,
O qual recentemente se casara,
Quando ela rolara o despenhadeiro
Do abandono, com a mulher que mandara
No país com o imperador companheiro:
A Marquesa de Santos, tão-somente,
Que assim ressurgia solertemente.

123

Tanto nas revoltas setentrionais,
Apresentadas com sociais roupagens,
Quanto nas ocorridas nas centrais
Regiões do país, mas não em paragens
Do interior, elevou-se com especiais
Qualidades e pródigas vantagens
Luís Alves de Lima e Silva, um audaz
Coronel que se mostrava capaz

124

De pelos sucessos se transformar,
Na sucessão dos acontecimentos,
No formidável chefe militar
Que alcançaria os reconhecimentos
Gerais que após o fariam envergar,
Das vitórias, os seus emolumentos:
O título de Duque de Caxias,
Tirado da povoação das coxias

125

Roladas do interior do Maranhão,
Para premiar o pacificador
Que até o sul estendeu sua mão,
Quando lá também se fez vencedor
Contra a farroupilha revolução,
Onde enfrentou o corajoso ardor
Dos líderes Bento Manuel Ribeiro
E Bento Gonçalves, no mais lindeiro

126

Ponto a que todo o conflito imperial
Se estendeu, na heróica fase vivida
Depois da independência nacional.
Passou a normalidade a ser tida
No próprio momento internacional
Em que se vai tornando decidida
A marcha da moderna formação,
Dos direitos sociais, com a aplicação

127

Pelos países mais desenvolvidos,
Quando, do meio século, a virada
Faz ouvir nos atrasados ouvidos
O toque de uma história transformada
Pelo fragor dos novos estampidos
Da luta de classes que, organizada
Dentro da Revolução Industrial,
Dava passos largos para a social.

128

Passaram a surgir contra a escravatura,
E mesmo apoiadas pelo cinismo
Do interesse mais óbvio da estrutura
Da vida inglesa, no colonialismo
Plantado, das colônias, na aventura,
Pressões derivadas do imperialismo
Que a mão-de-obra barata combatia,
Mas das mais nobres razões se investia.

129

Foi quando, em legislação derivada,
Se pôs um cobro ao tráfico nefando,
Com o recurso de uma lei apropriada
Que por fim o impedia, condenando
Como forma de crime equiparada
À pirataria, que navegando
Pelo litoral do país chegassem
Embarcações que escravos transportassem.

130

As crises políticas prosseguiam,
Enquanto o povo, sem qualquer recesso,
Não considerava que lhe impediam
O avanço natural em seu progresso:
As plantações de café prosseguiam
E as estradas entravam em processo
De expansão, no preparo da chegada
De uma fase de vida aprimorada.

131

Nos primeiros dez anos da virada
Do meio cento também encontrou-se
A solução para a grande empreitada
Militar em que o império enveredou-se
Nas lutas no Prata, com a desmandada
Ditadura com que Rosas mostrou-se,
Com, do típico caudilho, a estatura
Própria da mais lamentável figura.

132

A partir da década de cinqüenta,
Bem se movimenta a população,
Que no final do século apresenta
O total de sensível expressão
De quatorze milhões de almas, e ostenta
Um crescimento em contínua ascensão.
O café leva a economia avante,
Rumo ao sul, reformulada e pujante.

133

Do norte e nordeste, o enfraquecimento
Da atividade passa a estimular,
Do fim da escravatura, o movimento.
Inversamente, uma visão alvar
Do interesse local traz o incremento
De alguns núcleos de poder a instigar
Resistências contra o abolicionismo,
Ditadas pelo conservadorismo.

134

Mas no sul, as nuvens escureceram
Novamente o céu bastante imperfeito
Da vida imperial, quando apareceram
As pressões do ditador por direito
De herança, que toda a zona envolveram:
Solano Lopes, por armas eleito
Presidente do Paraguai, produz
Crise regional que ao conflito induz,

135

No quadro do cadinho efervescente,
E distante de ser equacionado,
De forma equilibrada e permanente,
No território sempre conflagrado.
Em sessenta e quatro, imprevistamente,
Poucos dias após ter declarado
Guerra ao Brasil, o Paraguai fazia
As primeiras manobras e invadia

136

O Mato Grosso com cem mil armados
Homens, vasos de guerra numerosos.
Frente a eles, se uniram articulados
Argentina, Brasil e Uruguai, ciosos
Dos grandes interesses ameaçados
Para os três por força dos perigosos
Planos do belicoso ditador,
Primário e temível provocador.

137

O Brasil foi levado a carregar
O grande peso da campanha unida,
Com "voluntários" para improvisar,
A chamado da pátria, a requerida
Força que lhe permitisse lutar.
Foi de negros a maioria obtida,
Que sob as ordens de brancos graduados,
Dobraram os inimigos, derrotados.

138

A Mitre, da Argentina, o presidente,
Deu-se o comando da tríplice aliança;
É Barroso o almirante conducente
Das vitórias navais em que se lança;
Polidoro, Osório — o puro valente —,
Caxias, Mena Barreto a pujança
Das tropas conduzem com competência;
Tamandaré, como expressão e essência

139

Da marinha refulge no sucesso;
Em Riachuelo, Humaitá, Uruguaiana,
Passos da Pátria ou Laguna, o progresso
Continua no rastro da vulcana
Voragem que devora no processo
Jovens infantes, oferta espartana.
Seguindo as vitórias de Tuiuti,
Lomas Valentinas, Curupaiti,

140

Itororó, Ibaté, Avaí,
Potrero-Pires, Ascurra, Angustura,
Até Campo Grande e Piquisiri,
Se aproxima a conclusão da aventura,
Feita no assalto de Peribebuí
E em Cerro Corá, onde se tritura
A paraguaia tropa derradeira:
Solano Lopes morre na trincheira,

141

Como o ilustríssimo Mena Barreto,
Junto a tantos e heróicos oficiais.
Mas no jogo do poder e minueto
Das ambições, além dos infernais
Propósitos, o humilde Brasil preto
Assume posições proporcionais
À sua antropológica verdade,
Num sacrifício de amor e vontade.

142

Em primeiro de março de setenta
Termina a guerra, e num agônico intento
O terminal segundo império enfrenta
A batalha do seu último alento:
Abolir a escravatura nojenta,
De torpitude exposta no tormento
De a guerra enfrentar, pois no alistamento
A alforria fora, no engajamento

143

Da maioria negra, o principal
Meio com o qual o governo ativara
Os ânimos para a fundamental
Preparação da tropa que formara.
A expansão da atividade industrial
Componente tinha que motivara,
Em nome do ideal da liberdade,
No fundo, a busca da modernidade

144

Econômica para a produção.
Como, da escravatura, dependente,
O Brasil era a última nação
Do mundo ocidental, numa impudente,
De almas regressivas, imposição,
E em sessenta e seis viera finalmente
A lei do "ventre livre" completar
O arcabouço legal, que ao respaldar

145

O clamor uníssono que se ouvia
Apressou a campanha salvadora
Que o país por inteiro sacudia.
Estertores de desabonadora
Defesa não contiveram a tardia
Abolição que se fez vencedora,
Precipitando o fim da monarquia,
Que muito desgastada, se esvaía.

146

Na realidade, o modelo importado
De vigência européia milenar,
Tinha sido um estranho convidado
Para no mundo novo vigorar.
O velho imperador, tão desgastado,
Cedeu à grave crise militar:
Deposto, foi às pressas embarcar,
Para nunca mais ao Brasil voltar.

147

Quinze de novembro de oitenta e nove,
Data em que se faz, numa quartelada,
A jogada militar que promove
A forma republicana visada,
Quando a roda da fortuna se move
E se detém na posição sonhada.
Caxias e Osório, não mais estando,
Deodoro da Fonseca assume o mando.

148

Vinda de inspiração positivista,
Com apoios civis na formulação,
Sendo porém na ação militarista,
A república faz a ocupação
Provisória do poder com uma lista
De ministros de eminente extração:
Quintino Bocaiúva, Rui Barbosa,
Campos Sales, Constant, era a valiosa

149

Conjunção que entre outros vai avançar
Até noventa e um, quando convoca,
Para a nova constituição moldar,
Assembléia cujo trabalho evoca
Vidas de outras nações a respeitar,
Mas que também, sensivelmente, invoca
Experiências pelos locais passadas,
Por ilustres juristas invocadas.

150

A eleição do presidente iniciou,
Da crise republicana, o processo,
Que prosseguiu e que a história viciou:
Decidiu ele fechar o Congresso.
Assim procedendo, desencadeou
O clima que o vitimou no insucesso
E descontrole que se sucederam,
E ao poder Floriano Peixoto ergueram.

151

De Deodoro, a onda do encilhamento,
Ronda de inflação desnorteada unida
À especulação, criada pelo aumento
Das emissões e à abolição devida,
Produzira um imenso derramamento
De moeda, que se tornou incontida.
Greves e movimentos militares,
Uniões obreiras não rudimentares,

152

Mudavam o panorama nacional.
O presidente prende congressistas
E ativistas da vida intelectual
Como eram escritores e jornalistas,
Exercendo poder ditatorial,
Constrangedor dos antiflorianistas.
Patrocínio, Murat, Carlos Laet,
Olavo Bilac e Pardal Mallet,

153

Pelo estado de sítio que a reboque
Se instalou, são prontamente detidos.
Beligerância e desordem, com o toque
São, na maior violência, reprimidos
Os rebeldes, que na luta e no choque
Acabam mesmo com a morte punidos.
Chimangos e maragatos degolam,
Na marinha os homens se descontrolam,

154

E promovem a revolta da armada,
Com, de Custódio e Saldanha, o comando.
É vencedora, do governo, a espada,
Mas os desencontros só cessam quando
Posse a Prudente de Morais é dada,
O período militar liquidando.
Mandatário eleito diretamente,
Faz-se emblemática a vez de Prudente.

155

O episódio de Antônio Conselheiro
Em Canudos, no norte, representa
Uma insídia do temível roteiro
Anti-republicano que o sustenta;
Depois um punhal, num golpe certeiro,
Prostrando o ministro da guerra, atenta
Cego contra a vida do presidente,
Num ato negativo, por demente,

156

E que a página do século vira.
Campos Sales é o novo sucessor,
Que toma posse com sagrada ira,
Qual burguês refinado, do rumor
Da desordem financeira, que o tira
Do seu sério ser para o descompor.
Era o fim do Dezenove agitado,
E o Vinte se aproximava, assombrado.

Canto nono

1

Afinal, o que fora o que ocorrera?
Nos Quinhentos, do mundo, no reverso,
Com coragem soberba, acontecera
A chegada, cantada em prosa e verso,
Daqueles jovens moldados na cera
Mais nobre disponível no universo.
Por milênios nas terras encontradas
Homens viviam, de vidas lavradas

2

Na natureza, na simplicidade,
Longe da ronda em seu cerco imoral,
Envoltos no hábito da liberdade,
Num paraíso nascido real,
Denúncia viva da banalidade,
Nas mentes tangendo a corda vital
Que o mundo tido por civilizado
Empolgara, surpreso e embasbacado.

3

Depois, mundanas glórias e ambições
Exportaram os vícios desgraçados
Trazidos de antigas deformações,
Misérias vindas de pobres passados,
Esquecidas as tristonhas lições
Dos erros, pelos males engendrados:
Classes, reis, injustiça, escravatura,
Cupidez, inveja, crime, impostura.

4

Então ao paraíso reencontrado,
À oferta divina de um santo alento,
Fora por erro crasso inoculado
O vírus do destruidor alimento
Secularmente amado e cultivado,
Tortura de almas em padecimento,
Torpezas majestosas misturadas,
Pelos miasmas da incultura, importadas.

5

Chegávamos ao Vinte desvalidos,
Muito explorados mas não derrotados,
Num mundo de vencedores vencidos,
Por certo cobiçosos e abastados,
Na defesa de interesses imbuídos
De sólidos padrões inquestionados,
Pelos quais, em nome de nacionais
Afirmações, duas guerras mundiais

6

Seriam deflagradas, num escrutínio
Terrível dos limites da abjeção
Humana com o fantástico assassínio
Promovido em massa, em contínua ação
De horrendo e satânico morticínio,
Provando a medonha degradação
Que existe quando o teatro do progresso
Exige um sinistro preço de ingresso.

7

Mas a grande pátria linda e mestiça,
Maior que, do poder, a falsidade,
Sem condições próprias de com a justiça
Poder contar, pela simplicidade,
Produto involuntário da postiça
E extensa ordem de imoralidade,
O século das grandes mutações
Foi penetrando, cheia de ilusões.

8

Estava então no quarto presidente,
Segundo civil e também paulista,
E somente um espírito vidente
Poderia vislumbrar uma pista
Da infame decisão que a enferma mente
De um mundo evoluído tinha em vista,
Quando praticaria atrocidades
E induziria a vis monstruosidades.

9

Era também Campos Sales infenso
Às transformações do mundo aceitar,
Mas inclinado e muito mais propenso
A mandar, dirigir e praticar,
Distante, da Europa, do mundo tenso,
Pronto a, com mão de ferro, comandar,
Com a política dos governadores
E o esmagamento dos opositores,

10

Lutas violentas no interior gerando,
Quando, de início, grupos de vaqueiros
Foram para a luta, se articulando
Junto com capangas e pistoleiros
Fortes e insubmissos, se preparando
Para chegarem a ser bandoleiros,
Quando terras de pequenos sitiantes
Foram invadidas por ricos meliantes.

11

A resistência, à força, do cangaço,
Contida como se de criminosos
Apenas fosse composta, num traço
Claro de como a viam os poderosos,
Por forças oficiais e canhonaço
Foi destruída em combates escabrosos.
Greves, com mão de ferro reprimidas,
Como desvios da lei eram tidas.

12

Denso liberalismo foi alçado
Para sobre tudo prevalecer.
O sistema financeiro, lançado
Em dificuldades para manter
Suas operações, foi triturado
E levado à falência, ao não poder
Os estrangeiros bancos enfrentar,
Por não terem como se sustentar.

13

O gigante americano aprofunda
Com Theodore Roosevelt a sua expansão,
A qual na doutrina Monroe se funda,
E defendendo a não intervenção
Européia, faz com que se confunda
A sua como sendo proteção.
Rui Barbosa tal trama denuncia,
Desnudando a cobiça que temia.

14

Com as dívidas externas recompostas,
No ano dois Campos Sales terminou
Seu período com mazelas expostas,
Colhendo das sementes que semeou.
As coisas pareciam ficar postas
A fim de que o paulista que indicou
Como sucessor viesse a continuar,
Do liberalismo, a via, a aplainar.

15

Rodrigues Alves construiu a entrada
Sólida e firme que o país buscava
No século, deixando a improvisada
Fase em que na república se estava,
Por restos do império condicionada,
E que da realidade descuidava.
Em diatribes o Brasil se atrasara,
Pois a ambições ambíguas se entregara.

16

Havendo sido um aluno laureado,
Colega de Nabuco, Rui Barbosa,
Castro Alves, Afonso Pena, ilustrado
E culto, dono de uma poderosa
Operosidade, fez-se voltado
A compor uma aliança imaginosa
Que lhe permitisse os bons agrupar,
De forma que pudesse governar.

17

Eleito deputado e senador,
Duas vezes ministro da Fazenda,
Presidente de São Paulo, a rigor
Estava formado para a contenda
Da presidência, podendo propor
A equipe de homens que se tornou lenda:
Rio Branco, Passos, Müller, Bulhões,
Nabuco, Osvaldo Cruz, nobres varões

18

De Plutarco, que fiados na batuta
De Rodrigues Alves vão derrotar
A febre amarela, inimiga astuta,
O Rio de Janeiro transformar,
Dedicar às artes a mais arguta
Política de forma a o adornar
Com elementos cênicos, literários,
Museológicos e bibliotecários.

19

A política externa habilidosa,
Eqüidistante entre os mais cobiçosos,
Se faz arma de valor e rendosa;
O Acre se incorpora após melindrosos
Entendimentos e faz-se a valiosa
Construção do porto, com os mais radiosos
Efeitos sobre a vida nacional,
Que leva dele empurrão especial.

20

Em contemporâneo do tempo feito,
Um Brasil novo podia afirmar-se,
Reunindo predicado com sujeito:
Poderia ser um modelo a dar-se,
Gabarito de um renovado efeito,
Via inovadora a considerar-se,
Objeto para um mundo diferente,
Oferta para a postura exigente

21

Da *intelligentzia*, entre os mais respeitados
Estudiosos que já se preocupavam
Muito com as distorções e os resultados
Dos caminhos que os países trilhavam.
Convívio multirracial, exortados
Bens, grandes energias, não faltavam
Para fazer fértil a criatividade
E dar nova esperança à humanidade.

22

Afonso Pena, o sucessor mineiro,
Chegou à suprema magistratura
Após processo de escolha matreiro,
Que afastou paulista candidatura
Concorrente, antecipando dianteiro
Passo para preservar a ventura
De continuar, do país, na chefia,
Ganhando para São Paulo a porfia,

23

Da qual o povo era sempre alijado.
A forma de eleição dos governantes,
Feita como, de um jogo, num tablado,
Em que muito poucos participantes
Deviam moldar um reticulado
Labirinto de atos dissimulantes,
Tornara-se o percurso perigoso
Por onde enveredava pressuroso

24

O sistema servil e serviçal,
Desconhecendo que o ressentimento
Formava muita lama, e o lamaçal
Era má base para o assentamento
De república moderna e formal,
Sem receber do povo assentimento.
Depois de uma grande oportunidade,
Seguia o rumo da fatalidade.

25

Vinha ele de vice-presidente
De Rodrigues Alves, ao assumir.
Fizera uma carreira consistente
Desde o tempo do império, ao evoluir
Na Câmara a ministro, e finalmente
A presidente de Minas subir.
Enquanto isso, o povo descortinava
Com seu trabalho o curso que almejava.

26

Com vinte e cinco milhões de habitantes,
A atividade industrial se espalhava,
Sendo curto o percentual de imigrantes
Que sobre ela, no total, se inclinava.
Do seu produto, eram predominantes
Aqueles que, conforme se avaliava,
Destinavam-se a um consumo normal
Do simples cidadão, ao natural.

27

Porém suava o povo trabalhador
Em períodos de dez horas por dia;
Recebendo salários sem pudor,
De indefensável, por baixa, valia.
Do correio se podia dispor,
Assim como de porto e ferrovia;
O estudo para as armas dominava:
De muito o da engenharia passava,

28

Cenário em que a formação superior
Não tinha mais do que seis mil alunos,
Dando mostras de quanto era inferior,
De como remanesciam jejunos
Os jovens que sofriam tal horror,
O qual vinha por tornar oportunos
Golpes e acintes contra o despreparo
Dos marginalizados sem amparo.

29

Um ministério que foi alcunhado,
Como seus líderes legislativos,
De jardim-da-infância, por ser formado
Por homens jovens, todos muito ativos,
Por antigos veio a ser condenado
E muito temido, porque cativos
Pensavam ter seus postos de pressão,
De influência, em respeitada posição.

30

Governando em condições oscilantes,
Afonso Pena chega à sucessória
Hora com uma série de impressionantes
Desacertos e infortúnios que a inglória
Sorte lhe lança, e logo discrepantes
Feitios morais, mostrados na história,
Surgiram com a solução militar:
Foram Hermes da Fonseca buscar.

31

O povo, pasmado, assiste à manobra:
Recüar na república civilista,
Pôr em risco toda a sofrida obra,
Aceitar solução militarista,
Já de antemão conhecida de sobra,
Experimentada, vista e revista,
Apenas porque a feira de vaidades
Não atendia a todas as vontades?

32

O povo pasmado não entendia.
Derrotado, o presidente adoeceu,
E enquanto a situação se desfazia,
Recolheu, sucumbiu e pereceu.
Esforços em tentativa tardia,
Como a campanha a que Rui recorreu,
Foram feitos, porém inutilmente:
O processo correu celeremente

33

Durante a curta gestão do empossado
Vice-presidente Nilo Peçanha,
Para logo acabar no desastrado
Pleito vencido graças à façanha
De falsificação do resultado,
Na mais vil e desonrosa patranha,
Que foi por Rui Barbosa denunciada
Como negra vergonha praticada.

34

Hermes, sobrinho de Deodoro, e feito
Ministro da Guerra de Afonso Pena,
Era um remanescente, por direito,
Dos primeiros presidentes que a cena
Republicana dera, e que o despeito
Com a conduta civil trouxera à arena.
Um quadriênio violento se iniciava,
E que na primeira semana dava

35

Pronto sinal do que estava por vir.
Na armada, revolta contra o castigo
Da chibata chegou a conseguir,
Pelas mãos de um simples cabo, o fustigo
Do poder, ao, por um golpe, assumir,
Criando situação de grave perigo,
Controle das principais belonaves,
Desencadeando os maiores entraves,

36

Que acabaram, de início, contornados
Com negociações, mas que terminaram,
Por doenças e acidentes disfarçados
Depois de rendição em que confiaram,
Em vis assassinatos perpetrados,
Conforme muitas provas atestaram.
João Cândido, o cabo, foi vitorioso
Mesmo assim, por revelar o horroroso

37

Processo medieval de punição
Na Marinha, contra os simples usado,
À pública consciência da nação.
Mas o militarismo desmandado
Prossegue pretendendo a "salvação",
Como apresentava ao povo assustado
Elementos seus para a governança
Dos estados, com, do Catete, a fiança.

38

Todo o quadriênio em crises transcorreu,
De tal maneira que dele surtiu
O acordo que afinal aconteceu,
E entre São Paulo e Minas definiu
O "café com leite", acerto que deu
A condição que faltava, e os uniu.
O gauchismo de Pinheiro Machado,
Que guindara Hermes, foi derrotado,

39

Ao se eleger Wenceslau Brás, mineiro,
"Personificação do meio-termo",
Definição plantada por arteiro
Soneto picante que o centro ermo
Do poder, que tinha clima pampeiro,
Lhe dedicou, ao dizê-lo um estafermo.
Com Pinheiro, se enterrava o hermismo
E o seu absurdo e infeliz hermetismo.

40

Os quatro anos de Wenceslau coincidem
Com aqueles da grande guerra mundial,
Anos graves, durante os quais decidem
As potências a questão primordial:
Se, mesmo, os valores de então residem
Nas ruínas do Dezenove, ou se o sal
Da vida devia ser procurado
Onde escondido estaria encantado.

41

Internamente a tão fragilizada
Forma com que, toscamente, se dava
Como estando a república implantada,
Não permitia ver o que bradava
Aos céus como verdade insuperada:
A federação não se conformava
Com as vias econômico-sociais
E com as distorções urbano-rurais

42

Às quais, tonto, o povo se submetia,
Marginalizado por um processo
Do qual estranhamente não fazia
Parte, e nem mesmo a ele tinha acesso.
A crise de fronteiras se estendia
De norte a sul, franqueados nela o ingresso
De inúmeros estados e a insurgência
Contra a desordem social e a insolvência

43

Do processo político em vigor.
Da tragédia da guerra resultou
Que já não mais se olhasse com candor
Os direitos sociais, o que implicou
No primeiro revés do despudor
Com que a classe dominante tratou
Até então, no Brasil, da matéria,
Tolerando o convívio da miséria

44

Com o fausto do poder, e a negligência
Da política com os reais construtores
Da nação, que a ordem de prevalência
Mostra não haverem sido doutores,
Mas, certamente, e com toda a evidência,
Seu povo ignoto e variado de autores:
Ofertando ao trabalho proteção,
Dá-se forma a especial legislação.

45

Rodrigues Alves retornou reeleito,
Tendo Delfim Moreira como vice.
Atingido, porém, depois do pleito
Pela gripe espanhola que maldisse
Todo o país com seu horrendo efeito,
Pois ceifava, sem que nada a impedisse,
Milhares de vidas pela cidade,
Sofreu o país a infelicidade

46

De perder dele o segundo mandato:
Rodrigues Alves morreu sem tomar
Posse, e Delfim Moreira, homem cordato
Mas muito doente tomou seu lugar,
Organizando um governo de fato,
Concebido como parlamentar,
Com Afrânio de Melo Franco ocupando
Funções de chanceler e governando,

47

Sempre apoiado pelo Parlamento,
Até que em novas eleições marcadas
E havidas sem qualquer constrangimento
Das liberdades, se viram alçadas,
Dadas as circunstâncias do momento,
As, de Epitácio Pessoa, marcadas
Virtudes de político eminente:
Elegeu-se ele o novo presidente,

48

Vencendo Rui que se candidatara
Pela última vez, em desafio
Da grande máquina que se montara
Na república e que, no rodopio
Das pressões da oligarquia, rondara
Sempre as composições, num desvario
Que acabou por, do fim, se aproximar,
Após tanto, e de tal forma, abusar.

49

Impaciente, o povo permanecia
Aferrado aos ideais que não traíra,
Procurando saber o que faria
Aquele mandatário que surgira,
E aguardando, no esforço prosseguia
Com a força propulsora que construíra,
Num átimo, um parque industrial dobrado,
Pelas restrições da guerra amparado.

50

Da ordem social, a canalização
Passou a conduzir-se requintada,
Não mais cabendo a simplificação
De idéia e forma não sofisticada,
Levando, do anarquismo, a migração
Para a doutrina que vinha importada
De um socialismo articulado e ativo,
Revolucionário e corporativo.

51

Sendo a estratificação mil-folhada
Das camadas sociais a situação
Reinante, sempre mal considerada,
Disseminada entre a acumulação
Dos barões rurais e a desencontrada
Amálgama das classes em exclusão
De uma ignara plebe que trabalhava
Mas que dos resultados não gozava,

52

Formavam-se aos poucos, por toda parte,
Contra as oligarquias, resistências,
E aos seus usos de quem parte, reparte,
Eivadas das vazias minudências
Próprias de um compadrio que, com arte,
Para si arrastava as assistências,
Os benefícios e a força do estado,
Que se organizava assim apropriado.

53

Os burgos podres que a humana manada
Controlavam — de Rui, na referência —,
Com simples meios venceram a parada,
E usando a mesma antiquada imprudência
A solução de compromisso armada
Entronizou-se, com a velha insolência.
Epitácio Pessoa, o respeitável
Mestre, seria o novo condestável

54

De um regime que insistia em errar.
Questões eleitorais mal resolvidas
Nos estados levaram-no a aceitar
Neles intervir, deixando feridas
Que se juntaram a outras, a sangrar,
Pois já no "café com leite" sentidas
Mágoas começavam a transparecer,
Revelando um sul a se arrepender

55

De, que um nordestino, haver concordado
Pudesse ascender à magistratura
Maior da nação e lá controlado,
Com gastos e compromissos de altura
Nunca atingida o muito disputado
Orçamento, ao qual a candidatura
De acesso fora sempre destinada
Aos do sul, por tradição consagrada.

56

Estradas de ferro ao norte lançadas,
Obras contra as secas tradicionais,
Conquista de zonas abandonadas,
Enfrentando problemas ancestrais,
Desafiando as rudes e propaladas
Peias dos desajustes regionais,
Eram esforços que se transfiguravam
Aos do sul em fatos que abominavam.

57

Tais esforços, porém, transpareceram
Como dificuldades financeiras,
Que logo, agravadas, apareceram,
Quando notícias pouco alvissareiras
Sobre o estado das contas convenceram
Os da oposição de que as costumeiras
Censuras de eventuais prejudicados,
Ou de outros, do poder desalojados,

58

Tinham condições de ser retomadas,
Velhos ressentimentos aquecidos
E veleidades vãs estimuladas.
De insatisfação militar, pruridos
Retornaram, e greves começaram
A prejudicar os mais pretendidos
Passos pelo governo planejados,
Pelo ímpeto da reação ameaçados.

59

O triênio de seu fim se aproximava,
E de Minas nova candidatura
Já nos bastidores se delineava:
Era Artur Bernardes, com a catadura
Inquebrantável com a qual ostentava
Um jeito inflexível e da mais dura
Disposição de luta e de defesa,
Para o que tinha ao corpo a alma coesa.

60

No sul, como no norte, descontentes
Logo surgiram contra a indicação
Que os desnudava, alheios e impotentes
Frente à permanente auto-afirmação
De Minas e São Paulo, resistentes
A qualquer desvio ou alteração
Da política que sempre os levava
Ao poder e por demais os premiava.

61

Foi quando os processos mais vergonhosos
Entraram na cena tão conhecida
De intrigas e de atos vexaminosos,
E se instigaram junto à apodrecida
Lama em que se chafurdavam os tortuosos
Meios de uma eleição favorecida.
Cartas falsas e cizânias imundas
Fizeram na sociedade profundas

62

Marcas, gerando variados rancores
Que mesmo quando depois absorvidos
Viriam a produzir severas dores,
Ficando longe de ser esquecidos.
Levando em conta todos os penhores
De proteção dos estabelecidos
Poderes, foi com muita agitação
Que Artur Bernardes venceu a eleição.

63

Pressões havia de a posse negar,
Com as mais diferentes alegações,
Ao presidente eleito, e recusar,
Como fraudulentas, as eleições.
O "bico-de-pena" a desmoronar
Desandava por entre convulsões
Que toda a máquina comprometiam
E a Primeira República atingiam.

64

Na capital, levantes são tentados.
Primeiro, marchando em Copacabana,
Militares e civis destacados
Para se exporem à aventura insana
Em oferta de serem fuzilados
Lado a lado, sonho de ideal que irmana.
Em São Paulo, Recife, Mato Grosso,
Aprofunda-se o perigoso fosso

65

Aberto entre a esperança e a realidade
Das atas falsas, numa vergonhosa
Montagem cercando a totalidade
Do processo eleitoral, com vistosa
Porém desprezível formalidade.
Os desentendimentos e a ruidosa
Agitação com Bernardes prosseguem,
Em passos que a fatalidade seguem.

66

Sob estado de sítio permanente,
Querendo do antecessor desfazer
O acesso nordestino que premente
Tudo tinha, no inverso, a merecer,
Seguiu Bernardes via que, insolente,
Buscou desforra e fez favorecer
Entre grupos rivais, país afora,
Atento sempre, do despique, à hora.

67

Mas o regime se desagregava,
Surgiam movimentos militares,
Em muitos estados se conspirava
E eram novos os santos dos altares
Da oposição, onde se delineava
Chefia de uniformes e alamares,
Nascida no ideal de jovens tenentes
Prontos a jogar a vida, e valentes

68

Como as armas que nos braços portavam.
Miguel Costa e Eduardo Gomes agiam,
E com o general Isidoro ansiavam,
Em São Paulo; mais ao sul se batiam,
No Rio Grande, outros que pelejavam
E às forças do governo resistiam:
Siqueira Campos, João Alberto, Prestes,
Juarez e outros, metidos nas agrestes

69

E heróicas campinas dos maragatos,
Marchando rumo ao norte, se fundiram
Dentro de impulsos de encontros sem tratos,
Com aqueles que de São Paulo partiram,
Além dos que ao norte sendo contatos,
Esperanças guiaram e permitiram.
A Coluna Prestes, assim chamada,
Foi dessa forma, à solta, improvisada,

70

E iria percorrer, desafiadora,
Cinqüenta mil milhas do território
Nacional, lutando por redentora
Transformação do estado provisório
De que era a república portadora,
No que respeito dizia ao finório
Esquema pelo qual se sustentava,
Ardil que a tudo e a todos desonrava.

71

Novas formas de colonização,
Com o rosto do aporte de capital,
Traziam moderna apresentação.
Buscavam-se concessões, em especial
De áreas em que a estrangeira ocupação
Teria como fito principal
Riquezas florestais e minerais,
Nas regiões das florestas tropicais.

72

Bruto, em seu nacionalismo ardoroso,
Bernardes guardaria a integridade
Do interesse nacional imperioso;
Firme, manteria a legalidade,
Intransigente, sério, caprichoso,
Alheio à crítica e à mordacidade
Da oposição, a qual com grande atoarda,
Forçava para que baixasse a guarda.

73

Com o mesmo nacionalismo acendrado,
Seria declarado o isolamento
Brasileiro do palco destacado
Da Liga das Nações, com o argumento
De estar o país desconsiderado
Por não ter sido posto, no momento
Em que os Estados Unidos romperam
Com aquela entidade, que combateram

74

Passado pouco tempo de fundada,
No seu Conselho, em posto permanente.
A passagem de Bernardes chegada
A termo, não fugiu ele à imanente
Imposição de autoridade, dada
Ao seu humor fechado e prepotente:
Precisava eleger seu sucessor
A qualquer preço, e com todo o rigor.

75

Washington Luís foi o indigitado.
Governador de São Paulo, severo
Propugnador do interesse do estado,
Inflexível e pertinaz, austero
Guarda de um orçamento equilibrado,
Como se herói de um quadro eqüestre ibero,
El Cid e Quixote tupiniquim,
Não via que se aproximava o fim

76

Daquele período em que mourejavam.
Havia muito que o mundo mudara:
Não mais as populações aceitavam
A tosca formulação que fundara
Os conceitos que até então baseavam
A forma que de início se aceitara.
A indústria evoluíra, a população
Crescera muito, com insatisfação

77

Social de difícil composição.
Seguir pressupondo um povo submisso,
Do mandonismo, afeito à aceitação?
Como aquela falta de compromisso
Se manteria, esquecida a nação?
De que maneira aquele senso omisso
Da obrigação poderia avançar
E oferecer ao povo o seu lugar?

78

À antiga imobilidade passiva
De uma populacão crédula e boa
Sucede uma revisão agressiva
Que procura as razões do atraso e voa
Em busca da formulação ativa
Das idéias, não mais de uma pessoa.
Que o neocolonialismo terminasse,
Que aquele sistema não continuasse!

79

À política inquietação seguia
A insatisfação com as prisões da arte,
Com os hábitos canônicos de um guia,
De um padrão que a presidia e destarte
Tudo se passava como se via:
A força popular não era parte
Da criação na escultura, na pintura,
Na arquitetura ou na literatura.

80

Tinha a oligarquia base rural,
E dessa base chegava o comando,
Até surgir a crise potencial
Trazida pelo fim da guerra, quando
A indústria e a vanguarda cultural
Entraram vigorosas, denunciando
A ordenação vigente, feita instável,
E a força do poder, como improvável.

81

Washington Luís sobe ao trono imperial
Da república brasileira atento
A não faltar com o que lhe era curial:
Servir às forças que davam sustento
À presidência, com uma especial
Dedicação ao, de São Paulo, intento
De manter o controle do poder,
Não deixando o sucesso se perder.

82

Impenetrável e determinado,
Maciço de certezas derradeiras,
Tornou-se o presidente um obstinado
Cultor de providências financeiras,
As quais segundo as regras do mercado
Condicionar deviam, sobranceiras,
O esforço de um governo competente,
Tornado assim melhor e mais decente.

83

Do plano financeiro o defensor
Maior foi seu líder parlamentar,
Júlio Prestes, assim feito credor
Do reconhecimento do avatar
Paulista, que se pensava senhor
Dos cidadãos e dono do lugar.
Ele o fez, de São Paulo, presidente,
Deixando muito claro que somente

84

Com aquele nome estaria disposto
A se entender com as forças regionais
Para sucedê-lo e ocupar seu posto.
No amigo ele via originais
Virtudes que o tornavam bem composto
Para o melhor desempenho das mais
Complicadas tarefas e incumbências:
Que não se ousassem outras referências!

85

Quebrado o ciclo dos entendimentos
Mineiros, o Rio Grande tentou
Puxar para o seu lado os rendimentos,
Alinhavando aliança que lançou,
Após tentativas de ajustamentos,
Candidatura própria que enfrentou
O esquema de um governo empedernido,
Que de tudo lançou mão, convencido

86

Pela tradição de todo um passado
De que as grandes farsas eleitorais
Teriam sempre um destino marcado
Por institutos feitos serviçais.
Tendo Getúlio Vargas derrotado,
Consolidado em posturas formais,
Não viu o governo a revolução,
Não pressentiu a desagregação

87

Que a três de outubro de trinta iniciada,
Estava a vinte e quatro vencedora.
Por todo um povo angustiado apoiada,
À Capital chegava portadora
De uma esperança nunca abandonada:
A de que houvesse força redentora
De atrasos que o poder tanto humilhavam,
E vícios que a república tisnavam.

88

Seria o povo o grande vencedor?
Do século vinte, um terço corrido,
Seria aquele o brilhante fulgor,
O majestoso momento querido,
O pensado encontro que o antigo amor
De um civismo enganado e preterido
Estaria afinal tendo e vivendo,
Como sonhara por anos, remoendo?

89

O povo parecia vitorioso
Por seus líderes, pela derrocada
De um sistema eleitoral mentiroso,
Pela definitiva derrubada
Dos serviçais do poder, no sinuoso
Processo republicano de alhada
Exercido, mesmo se respeitável,
Mesmo quando, eventualmente, estimável.

90

Tais haviam sido os motivadores
Impulsos dos homens que se juntaram
Para tornarem-se organizadores
Da grande rebelião com que triunfaram;
Alegremente fremiam os autores
Que, com todas as forças, apoiaram
A quebra de lealdade à fantasia
De uma república de fancaria.

91

Uns esperavam um conservador
Movimento, que outros tinham por certo
Que viria porém renovador,
E muitos outros ainda, decerto,
O desejavam como instigador,
Às intenções mais radicais aberto,
Das maiores mudanças conceituais
No campo das definições sociais,

92

Jurídicas, políticas, gerais.
Vargas, no centro das várias pressões,
Tentava equilibrar os vendavais
Nas suas íntimas contradições:
A investida dos ariscos baguais
Com a montês andadura dos sertões,
E a insuflada esperança nordestina
Com a tradição de uma saga mofina.

93

Conservador, de início, foi mantido
O governo chamado provisório
E por Getúlio Vargas assumido,
Compenetrado em seu jeito finório
Com crédito de ponto presumido
De união, depois revelado ilusório,
Mas naquele primeiro tempo aceito,
Usado e defendido com respeito.

94

Nomeados regionais interventores
E deposto o governo detestado,
Não sabiam porém os vencedores
A forma de um percurso renovado,
O padrão dos impulsos indutores
Que dariam ao país o esperado
Momento no qual se pondo de pé,
Marcharia rumo ao porvir com fé.

95

Em trinta e dois São Paulo se rebela
Lutando para o governo forçar
A deixar a inclinação que revela
De uma constitução não adotar.
Getúlio pressionado se encastela
No poder que não quer abandonar,
Com energia enfrenta a revolução,
Contorna com sucesso a situação,

96

Prometendo o que afinal cumpriria:
A convocação de uma constituinte
E a feitura da Carta que teria,
À vida democrática, num acinte,
Efêmera existência, pois seria
Esquecida e rasgada no seguinte
Momento em que a revolução entrou,
Quando um ditador, por fim, se mostrou

97

O chefe do governo provisório,
Que soube controlar os socialistas,
Agravando o ambiente contraditório
Que os envolvia com os integralistas,
E dizer-se o elemento decisório
Aparente que as ondas populistas
Poderia enfrentar e eliminar
Os que a pátria queriam dominar.

98

Levantes comunistas nordestinos,
Fracassados e sem muita expressão,
Apoiaram preparos intestinos
Que acabaram na escola de aviação
A formar o estopim dos desatinos
Que se cometeram na sedição
De um corpo de tropa de infantaria
Da Capital, onde a fuzilaria

99

Deixou infelizes sacrificados,
Mortos cruelmente pelos revoltosos
Enquanto adormecidos desarmados.
Em horas, o governo vitorioso
Excedeu-se nos mais desacertados
Abusos de violência, num penoso
Processo de vingança e afirmação
Que maculou a vida da nação.

100

E o poder marchou para a ditadura
Obtendo, de um congresso emasculado
Por deputados classistas à altura
Dos eleitos, poder desmesurado,
Com perseguições, prisão e censura,
Em combate ao perigo propalado
E explorado de um risco comunista,
Usado pelo fino especialista

101

Que do Catete tudo controlava.
Forjada por um falso documento
Veio a denúncia de que se tramava,
Na trilha do primeiro movimento,
Um golpe comunista que mudava
As instituições, cujo salvamento
Seria o fechamento do Congresso,
Ditado pela ordem e o progresso.

102

O dez de novembro de trinta e sete
É a data fatal em que o então fundado
Estado Novo já se compromete
Com o pelos "bem pensantes" almejado
Modelo do fascismo, onde repete
A arquitetura de um mundo transviado.
Oito anos de humilhante submissão
Custou ao povo a solerte ambição.

103

Foi o Estado Novo nacionalista,
Grande centralizador do poder,
De abordagem social paternalista,
Investidor inclinado a tender
No sentido do controle estatista
De setores ditos a defender
Dos meios de produção nacionais,
No inverso das intenções liberais.

104

Proibidos os partidos de existir
— E mesmo o solidário integralista,
Que, feroz, reagiu tentando invadir
O palácio do governo —, conquista
O ditador poder para impedir
Que houvesse sucesso oposicionista.
A eclosão da Segunda Grande Guerra
Vai auxiliá-lo, quando o povo cerra

105

Fileiras com o governo na defesa
Esperta que este passou a fazer
Dos aliados, e mais tarde na proeza
De mandar força para se bater,
Com as mais fáceis coragem e firmeza,
Ajudando a liberdade a vencer.
Quando o fim da guerra ficou visível
A nova fase tornava impossível

106

Manter do Estado Novo o que sobrava.
A revolta veio em traços primeiros
Num manifesto que não se esperava,
Escrito por pensadores mineiros,
Mostrando que o modelo soçobrava;
A seguir, a imprensa assumiu roteiros
De autêntica e imediata liberdade,
Rompendo os diques com facilidade.

107

Prontas operações de bastidores
Envolvendo chefias militares,
Contornando intrigas de corredores,
Demoliram de roldão os altares
Daquele regime cujos autores
E colaboradores familiares
Do ditador não tinham permitido
Que fosse senão um sonho perdido.

108

Da ditadura, a máquina restante
Estava azeitada para eleger
O sucessor com eficiência bastante.
Não foi difícil assim promover
A eleição de Eurico Dutra, o prestante
Ministro da Guerra, só com o mover
De umas poucas pedras do getuliano
Arsenal, feito por baixo do pano.

109

O quadriênio Dutra passou depressa.
No mundo do pós-guerra o povo atento
Queria grandes mudanças com pressa,
Mas o jogo do poder dava alento
Para Getúlio cumprir a promessa
De retornar ao poder, seu intento
Maior vir com habilidade a cumprir:
Era a fatalidade a prosseguir

110

Em seu caminhamento inexorável.
Nos ombros do povo ele retornou
Após vitória eleitoral notável,
Mas alquebrado, de pouco tratou
Senão da inclinação inquebrantável
Que pela longa vida o acompanhou:
A de, plácido, exercer sem estorvo
O poder, com, aceso, o sentido torvo

111

De uma vingança arcaica e descabida
Contra a imagem de algozes inventados.
Foi o novo caminho de descida,
Palmilhado, com os piores resultados:
Após imensos erros e subida
Tragédia, por descaminhos gerados,
Por inúmeros desmandos cercado,
Getúlio suicidou-se, amargurado.

112

Café Filho, o vice, assume e prepara
O quadro das seguintes eleições,
Rude tarefa na qual se depara
Frente a um torvelinho de agitações
Que a população supera e repara,
Levando às de presidente funções
Juscelino Kubitschek de Oliveira,
Rodrigues Alves novo, na maneira

113

De fazer política executiva.
Em clima próprio, de quase euforia,
Retomou o Brasil fase inventiva,
Que sacudindo o país de alegria,
O invadiu de uma febre construtiva
Movida pela nobre fidalguia
De sentir-se novamente a caminho,
Deixando para trás o fel mesquinho

114

Das lutas próprias de questões pessoais,
Por vezes disfarçadas de enganosas
Matérias de interesses nacionais.
Certo que as propagandas mentirosas
Dissimulavam matérias sociais,
Que variadas ambições enganosas
Nasciam da impulsão renovadora,
Mas inegável era a propulsora

115

Ação de o grande povo articular
Na busca do destino incomparável
De poder com orgulho próprio contar
A fim de ousar, na propensão notável
Para fazer, construir e trabalhar,
Promover uma fase memorável,
Preparo de um futuro compatível
Para os brasileiros, na irresistível

116

Marcha que mesmo quando interrompida,
Por caminhos falsos enveredada
Ou por grupos de poder combatida,
Com interesses que a tinham renegada,
Esteve sempre longe de destruída,
Por não ser pelo povo abandonada.
Estimulada, chegava a bonança
Generosa, com o perdão da tardança.

117

Lançava-se mão de um modelo usado
No poderoso mundo ocidental.
Não se pensara em repensar o Estado,
Mas em se formar a fundamental
Sustentação de um futuro e apropriado
Processo, no qual seria essencial:
Fosse qual fosse o caminho a trilhar,
Imposição era com ela contar.

118

Mas já o compasso da história se abria
Para a realidade recuperar:
Uma nova Capital se construía
No fundo do gigante a despertar,
Uma densa verdade que abstraía
A realidade de tudo a importar.
Um novo Brasil surpreso ocupava
Seu corpo desconhecido, o tateava

119

Como se fora amante embevecido
A, esfogueado, buscar e descobrir,
Variando de atento a desfalecido,
O segredo resguardado a surgir
Divino e por ato de amor colhido,
Entre inocente e voraz a exigir
A posse sem, do real, ocultamento,
Porém, com da verdade, o sentimento.

120

A cálida surpresa de rever-se,
Na incomparável grandeza esquecida
Das cores, dos espaços a vencer-se,
Da riqueza intocada preterida
Nos cursos centenários sem perder-se,
Logo descortinada oferecida,
Sorrindo, aberta, linda, retomada,
Contente, pronta a ser fertilizada.

121

O país alegremente buscava
Seu caminho, pelo qual, se o trilhasse,
Pois de início apenas engatinhava
No rumo certo, talvez encontrasse
A chave do tesouro que guardava
Seu grande destino, como num passe
De mágica de valor primordial,
Que teria influência colossal.

122

A sucessão de Juscelino criou,
Com a intervenção da deusa Estupidez,
Espantosa crise que retardou
Para o final da centúria a honradez
Da cidadania, pois se instalou
Em Brasília, com gênio e insensatez,
Aquele que depois o sucedeu:
Jânio Quadros, que logo procedeu

123

A alterações, por vezes em bravatas,
Dos rumos que se vinham praticando,
Acertando ao combater as baratas
Soluções que teimavam humilhando
O país, solidário com os piratas
Do colonialismo, porém errando
Pela ausência de um programa social
Coerente, preso que estava a um cipoal

124

De medidas apenas paliativas
Com inspirações e aparências banais,
Por vezes somente provocativas,
Mas marcantes como superficiais
E incômodas sem serem produtivas,
Num rol confuso de prejudiciais
E desorientadas vias de ação,
Mas inspiradoras de uma reação

125

Que, por elas muito bem disfarçada,
Ocultava porém a substantiva
Origem da revolta que se armava:
Rugiam dentes contra a tentativa
Da nova diplomacia que alçava
O Brasil a uma posição altiva,
Mas o governo, muito desnorteado,
Era internamente descontrolado

126

E animava os inimigos de graça,
Dando-lhes alça, por outras razões,
Que criavam uma cortina de fumaça,
Para atacá-lo em suas confusões.
Como um arruinado castelo em desgraça,
O governo desfez-se em convulsões:
Passados sete meses renunciou
Jânio, em ato insano que prenunciou

127

A fase em que se iria mergulhar:
Sob enorme pressão, é presidente
O vice com ele eleito, João Goulart,
Ao qual armou-se forte e resistente
Oposição, que posta a conspirar,
Em menos de três anos, persistente,
Por golpe militar o derrubou,
E com a democracia terminou.

128

Seguia o movimento pendular
Entre as notas de uma vida importada,
Tristemente copiada em modo alvar
Por néscia formação aculturada:
Os conflitos da Europa milenar,
Por ódios e ambições estruturada,
Populações e estados apropriados
Por famílias de alguns nobres coroados,

129

Criavam alternativas de empirismo
Entre ações sociais desorganizadas,
Variantes do utópico socialismo
Ao ímpio comunismo, e as embaladas
Pelo interesse do capitalismo,
Estas ricas e mais bem preparadas.
Desde a chegada da família real
Se agravara o desrespeito essencial

130

Pela importância da nossa expressão
Própria, telúrica e fundamental,
Que no Dezesseis chamara a atenção
Do mundo e promovera excepcional,
Surda, firme e pacífica função
Para que uma nova visão geral
Atingisse as mentes enlouquecidas
Dos homens, pelos fados esquecidas

131

Que vermes são os homens sem grandeza,
Existências banais e desprezíveis,
Resumos de excrementos, com certeza,
Agitados simianos de indizíveis
Propensões a toda e qualquer torpeza.
O fenômeno mágico que incríveis
Efeitos na, de um retorno, indução
À natureza e sua apreciação

132

Tivera, prosseguira pelos anos
A surpreender as mais variadas mentes,
A chocar cínicos e puritanos
De visões arcaicas e decadentes.
Índios, brancos, negros americanos
Ministravam lição sem precedentes:
Abriam uma nova linha de vida,
Ao largo, mas não a salvo, da tida

133

Como exemplar pelo cego empirismo
Das tristes experiências de nações
Envelhecidas e à beira do abismo
Da perda das humanas condições.
No Dezenove, o frio pauperismo
Do atraso no avanço das tradições
Desembarcara, e do Vinte, ao final,
Assumiria o poder nacional.

134

No Brasil, um crescimento invulgar
Que trazia do mundo a realidade
De que um país não se pode isolar,
Mas que só se afirma com identidade
Própria, que o abrigue e a faça divulgar,
Se interrompeu, enquanto a falsidade
Improvisada de muitas questões
Era oferecida ao povo em rações,

135

Sempre por propaganda controladas,
De algumas vitórias inquestionáveis,
Mas maculadas, porque sempre eivadas
De arrogância e métodos detestáveis,
Insólitas violências aplicadas,
Abandonos morais abomináveis.
De cinco lustros foi a duração
Da, à ditadura, triste submissão.

136

Quando vistos como homens —, por que não?,
Homens bons poderiam sempre ser,
Os rombudos generais de carão
Fechado, que só faziam dizer
Estar o país salvo, desde então,
Dos agentes externos, que o envolver
Haviam pretendido, torpemente,
Lutando para tanto febrilmente.

137

Bons homens, bons homens podiam ser,
Aquele general Castelo Branco,
Que na guerra se arriscara a morrer,
Ou o outro, Costa e Silva, que num tranco
De força fez-se a ele suceder,
Ou Emílio, o terceiro, que no arranco
Da agonia mortal do antecessor
Tomou e ampliou o poder repressor

138

Para ao general Geisel repassá-lo,
Ao tempo em que alguns sinais de fraqueza,
No modelo militar a miná-lo,
Se instalavam na sua fortaleza.
A um último general terminá-lo
Coube, e a tarefa, de muita aspereza,
Ao general Figueiredo se deu,
Para o que, com prudência, procedeu,

139

Mantendo ainda escolhas indiretas,
Falsa hermafrodita das tradições
Democráticas moldada em secretas,
Gratuitas e insultuosas suspeições
A respeito das condições concretas
Do povo para fazer eleições.
Tolos eram os de Montesquieu herdeiros:
De nova democracia pioneiros

140

Seríamos, passivos portadores
Da boa nova da castra inventiva,
Ardentes e vaidosos promotores
De uma democracia relativa,
Assim definida pelos autores
A mofina descoberta exclusiva
Do gênio nato do golpe de Estado,
Que estava certo de haver encontrado

141

A panacéia que enfim salvaria
A civilização cristã das ameaças
Que por demagogia enfrentaria
Se se deixasse atrair por fumaças
Que a crença eleitoreira engendraria,
Enganosas, disfarçando as desgraças
Que nos impunham todas as agruras
E aquela ambição de tolas figuras

142

Políticas que apenas almejavam,
Diziam, o poder pelo poder,
E alheias, cevadas, engambelavam
Os povos, para fazê-los perder
O senso do perigo que enfrentavam
Ao permitir a ineptos exercer
A pesada função de governá-los,
E de falsas cobiças resguardá-los.

143

Sim, no mundo da relatividade
Convinha fazê-la prevalecer
Para a democracia e a liberdade:
Era preciso enfim reconhecer
Que o povo queria estabilidade,
Ordem e progresso, a mais não poder.
Idéias vazias desordenavam,
Que aos homens se desse o que precisavam

144

E não o que queriam, enganados
Que sempre haviam sido na imprudência
Com que a quaisquer paisanos bem-dotados
Haverem sempre entregue a independência
Do país, com tantos e arquitetados
Planos de, ao comunismo, subserviência
Ser prestada por sinistros vendidos,
Miseráveis e traiçoeiros bandidos.

145
Ocorreram progressos materiais
Promovidos com autoritarismo
E insuportáveis recuos morais,
Devaneios de um prosaico otimismo
Indiferente aos prejuízos sociais
Desconhecidos do estulto esnobismo.
Por fim, caiu a era militar,
Levando a solução improvisar:

146
O interregno da eleição indireta
De Tancredo Neves, hábil mineiro
De longa trajetória, que a concreta
Situação de transição fez ligeiro
Aceitar, com disfarçada e discreta
Satisfação, ser dela o derradeiro
Usuário, mas que acabou tristemente,
Com o falecimento do presidente,

147
Que sequer conseguiu posse tomar.
Controlou-se a crise institucional
Com o vice-presidente em seu lugar:
José Sarney, homem setentrional
Do Maranhão pobre, soube jogar
Com muita competência o excepcional
Momento, e, no conflito das paixões
Em choque, pôde reunir aptidões

148
Que permitiram a manutenção
Da ordem e da alvissareira esperança
Guardadas, do país, no coração.
Era o caminho da perseverança
Para da república, a redenção,
Espécie de promessa de bonança
Após tantos fracassos fragorosos
E períodos de exceção insultuosos.

149
Em crise, a metade do cento tinha
Sido vivida, na incapacidade
De tornar ultrapassada a mesquinha
Prática política, com a verdade
Sem disfarces enganosos na linha
De frente de uma justa sociedade:
Vida institucional sempre afastada
Do povo, ao qual devia ser ligada,

150

Povo que uma fase heróica assistira
Da primeira república até trinta,
Mas que inerme, deteriorar-se a vira,
Tornar-se com tantas uma indistinta
No culto da violência e da mentira,
Contra a população boa e faminta
Dos direitos que defendia seus,
Com a beleza que lhes dera o bom Deus.

151

Mas a crise política latente
Fez por desestabilizar o esforço,
Enfraquecendo o governo em premente
Situação de inusitado desforço
Por controlar inflação de impudente
Expressão, que recebia o reforço
De alto descontrole parlamentar
E inútil luta por ultrapassar

152

A invencível fraqueza original,
Oriunda da dupla improvisação:
Vice-presidência provisional,
Num fraco governo de transição.
Tudo resultou no efeito fatal
Do desastre que trouxe a sucessão:
Após campanha mais que surpreendente,
Collor se fez eleito presidente.

153

Ligado a grupos de inescrupulosos
Políticos, como a inqualificáveis
Aventureiros com os mais criminosos
Objetivos, buscados com implacáveis
Ferocidades e muito curiosos
Conceitos sobre o quanto inexpugnáveis
Seriam as defesas de seus bastiões,
Collor desceu a rampa aos trambolhões,

154

Expulso pelo povo amotinado,
Nas ruas a gritar por dignidade,
A pressionar o parlamento acuado
Para que atendesse à geral vontade
De ver-se o país logo liberado
Do pesadelo da fatalidade
Que o atingira, quando justamente
Se extinguira o período de demente

155

Tutela armada que tanto o marcara
No concerto das principais nações.
Mas a democracia que ficara
Implantada em todos os corações,
Depois da ditadura que enlutara
O período entre duas gerações,
Funcionou, e fez a história rolar
Para o vice-presidente, Itamar

156

Franco, discreto mineiro calado,
De política extensa biografia,
Em formal severidade trancado
Como em simples poder de sintonia
Com os anseios do seu representado
Belo povo, do qual, em companhia,
As rédeas da honra bem retomou
E um poderoso controle firmou.

157

Bem-sucedido foi Itamar Franco
No seu curto espaço de desempenho,
Recusando um semimandato em branco.
Soube ele ouvir no agônico e rouquenho
Grito de um povo enfiado no atravanco
Da luta contra o inimigo ferrenho
Do deus dinheiro em plena evolução,
Da dignidade, a exigência de ação.

158

Medidas cautelosas permitiram
O ganho de certa estabilidade,
E nesse processo se introduziram
Condições de governabilidade.
As forças conservadoras partiram
Do êxito para com facilidade
Vencerem as primeiras eleições
Que se seguiram, com proposições

159

De ampla abertura e participação
Das forças do mundo desenvolvido
No quadro de interesses da nação;
Esta, desconhecendo haver nascido
De uma intervenção dos céus em dação
Para com ela ver enfim conduzido
O mundo à frente do Espírito Santo,
Do mero contingente sofre o encanto.

160

Eleito Fernando Henrique Cardoso
Presidente, com a tarefa pesada
De o século genial e tenebroso
Fechar, deu início à sua empreitada
Acompanhando o impulso poderoso
Em marcha com os mais fortes alinhada:
Sociedade em que não se perde o nome,
Porém que às feras lança o sobrenome.

161

Que não se desperdice qualquer ganho
Que um sócio assim menor possa fruir,
Com mão de gato, puxado num arranho,
Se um desleixo eventual o permitir.
Mas que não se cometa erro tamanho
Que leve o gigante a genuflectir:
Do destino, será fuga imperdoável,
De Deus, a traição a mais execrável.

162

Século vinte, que trouxe a incerteza
Como certa sobre o não resolvido,
E que ao léu esquecida, com presteza
Dos magros sinais do desconhecido
Despudoradamente fez certeza,
Buscando loucamente dar sentido
À ignóbil trama de ferocidade
Que o ocupou, ao largo da verdade

163

Verdadeira ou daquela provisória,
Que pelos tempos trajando enganosas
Roupagens pôde porém com ilusória
Presença pastorar as vitoriosas
Forças da tecnologia na história;
Século terrível, que com acintosas
Vergonhas fez surtirem entretanto
Do gênio humano as expressões do quanto

164

Pode o homem se aproximar do divino,
Ou dele afastar-se até o maldito.
No Vinte, o Brasil recebeu o ensino
De como abandonar o favorito
E estranho preferido desatino,
Pois passou no seu transcurso infinito
Sofrer, por ter vivido o contingente,
Possuindo nas mãos, do absoluto, a lente.

Canto décimo

1

Foram os ventos que ventaram nas velas
Dos projetistas bem-aventurados
Que traçaram os veleiros caravelas,
E os hábeis homens nelas hospedados
Entre os vaus, pelas vantes sentinelas,
Que hauriram, pela história humana hasteados,
Os lauréis da notável descoberta,
Pela grande porta do oceano, aberta

2

Por Eolo, para que se transpusessem
Os umbrais de entrada de uma riqueza
Sem paralelos, e com ela pudessem
Elevar o ser humano à grandeza
Do seu demiurgo destino, e fizessem
Ver como era desgraçada a tristeza
Da vida, como a vivida até então,
Do comum senso, óbvia privação.

3

Era preciso rumos corrigir,
Com urgência, na história da humanidade,
Tudo fazendo para conseguir
Recuar da estúpida brutalidade
Vivida no século, e prosseguir
Em fuga da infeliz fatalidade
De uma existência vazia e vacante,
Na falsidade de um mundo pasmante

4

Onde a socrática grandiosidade
Se perdia nos rumos da arrogância,
Onde a espantosa superioridade
Do sublime espírito humano, instância
D'alma de mais divina ubiqüidade,
Confundia, da nobreza, a fragrância
Estonteante da beleza integral
Com emanações da baixeza moral.

5

Da Grécia antiga aos tempos que corriam,
Com mais de vinte séculos passados,
As disputas de poderes só haviam
Envilecido os homens, desonrados
E esquecidos de tudo o que podiam
E deviam fazer, por bem-dotados
De Deus, na representação da imagem,
Sem amá-lo, na terrena passagem.

6

As portas do século então se abriam,
Pelas quilhas das naus sendo arrombadas;
Os sangues dos navegantes ferviam
No fragor das vitórias conquistadas:
Magalhães, o Gama e Cabral haviam,
Com a coragem e a audácia demonstradas,
Com sonhos nos céus das mentes flutuando
Em nuvens, e em presságios navegando,

7

Ora, o momento que se apresentava
Parecia conter muitos indícios
De que o vício que o progresso animava,
Como o avanço da ciência, eram propícios
A uma total revisão que ficava
Exigida, à vista dos malefícios
Sofridos no torturado passar
De uma experiência multimilenar.

8

Estava sendo o Brasil descoberto
Por um mundo que marchava aos arrancos,
Pendulando entre um pensamento aberto
Trazido pela vivência nos bancos
De estudos, e outro atrasado e coberto
Por crendices de parvos saltimbancos
Do pensamento, algozes do progresso,
Cidadãos da inteligência em regresso,

9

Num mundo que parecia inverter
O milagre claro da natureza,
Na pressão da soberba pelo Ter,
Com impulsão da violência e da rudeza,
Em lugar da volúpia do saber,
Caminho da verdadeira grandeza.
Chegava o Novo Mundo no momento
Em que a ciência ampliava o conhecimento

10

E elevava o alcance da humana mente.
Se certo era o fato de a pequenez
Dos homens se chocar imensamente
Com seu gênio, a mais simples sensatez
Aplicada exigia que somente
Usando inteligência e lucidez
Poderiam eles consolidar
A razão que fez Deus depositar,

11

Em um ser tão fraco, a monumental
E tremenda máquina de pensar,
Seu portentoso presente natal.
Já do mais fundo da Bíblia um clamar
Aturde, fixando no imemorial
Tempo a lição que não pode passar:
Juntos, homem-mulher no paraíso,
Criação perfeita do divino juízo

12

De Deus, ao formar a sua criatura
Essencial, a quem fez a dotação
Condicionante que enfim o assegura,
Consciência isolada na observação,
Imagem feita com a sua figura,
Prodigioso sinal seu de expressão:
O homem, destinado a, na propriedade
Do total livre-arbítrio, a divindade

13

Do universo provar, com o testemunho
Consciente do milagre superior,
Obra completa da mente e do punho
D'Ele, que já cortado de amargor,
Mostrando da tristeza o grave cunho,
Enviara a nós seu Filho Redentor,
Para ser o imolado da justiça,
Camuflada nas cortes em postiça.

14

Um e meio milênios já passados,
Os homens, com a lição bem esquecida,
Estavam novamente confrontados
Com a mais pura natureza estendida
Aos seus olhos, nos confins encontrados
No Novo Mundo: a terra prometida!
Ao a beleza integral reencontrar,
Que mais fazer, senão a celebrar?

15

Mas era o Velho Mundo que viajava
Completo, com seus vícios e venenos,
O qual só de ambições e ouro tratava,
Pisado o pensamento dos helenos,
E que do Gólgota só se lembrava
Quando nas algibeiras tinha menos,
Ou para as cerimônias do poder
E as festividades do bem nascer,

16

Pois o Deus verdadeiro devolvido
Por Jesus à humana redescoberta
No terrível momento enlouquecido
Em que viveu, crendo deixar aberta
A via que desviasse o empobrecido
Mundo da desgraça próxima e certa,
Ficou sem ser pelos homens aceito,
Presos que estavam eles ao conceito

17

Formado por crendices atrasadas
De entidades divinas perigosas,
Forças que interviriam entrosadas,
Agentes de vinganças rancorosas
Que só poderiam ser aplacadas
Por intervenção de ordens religiosas
Capazes para a humana salvação,
No exercício da oferta de um perdão.

18

Fundada numa abissal incultura
Se baseava sempre a interpretação
Dos fenômenos simples da aventura
Vital, como se provindos da ação
De Deus, originários da censura
Dos céus pelo procedimento vão
E condenável dos pobres mortais,
Sujeitos a caprichos infernais.

19

Como, então, um Deus que não intervinha?
Como um Deus que, não sendo perigoso,
Fosse respeitado como convinha
À imagem de um avatar tenebroso?
Como um Deus que se aproximando vinha
Dos homens, dessa forma, silencioso,
Sem fazer medo e amor a propalar,
Reto, nos corações a se instalar?

20

Não, homens deviam homens perdoar,
Pertencendo à própria Igreja esse fim,
Assim como os desviados condenar.
Jesus Cristo, diziam, outrossim,
Mostrara o poder que queria dar
A ela, senhora do não e do sim.
O Velho Mundo ao Novo então chegava
Pronto a envelhecê-lo, e mal sopitava

21

O milenar impulso que o movia.
Como em cada cem, dois eram letrados
Entre os homens, em comum se fazia
Pressão num conjunto de retardados,
Sobre mentes de multidões sem guia,
E aquele grupo de recém-chegados
Ao paraíso não se dera conta
De que servir ao passado era afronta

22

À Razão pela qual eram movidos,
E não viram a mão de Deus que intervinha,
Mil e quinhentos anos transcorridos,
Da mesma maneira e na mesma linha
Com que alterara todos os sentidos
Que a vida humana no antanho continha:
Ao imenso episódio galileu
O Novo Mundo ao surgir sucedeu,

23

Claro, pejo da Verdade evidente,
Pronto a fazer os homens repensarem
A vida com a mensagem transparente,
Ao na beleza pura constatarem
A presença do excelso transcendente:
Os homens do Velho Mundo ao saltarem
De suas caravelas cegos eram
Para enxergar além do que puderam.

24

A onda branca que da Europa migrara
Atraída pelo bezerro de ouro
Levara os venenos que fabricara
Sem nenhuma grandeza, e com desdouro:
Foi assim que ao chegar desembarcara,
Absurda no momento imorredouro,
Com o hábito de viver na violência,
Cobiça, aberração e decadência.

25

Mas a arte de Deus continuou obrando,
Mesmo através dos homens desatentos,
Nova civilização desdobrando
E realizando inclusive portentos
Para o tempo, pois foram amalgamando
Raças e classes com os fortes cimentos
Do convívio e do amor, sadias mentes,
No mundo, milagre sem precedentes.

26

E por estranho que fosse, trouxeram
Os brancos, de seus vícios penitentes,
Na aventurosa invasão que fizeram,
O encontro de homens os mais diferentes,
Que unidos em suas lutas puderam,
Do conteúdo da verdade, inconscientes,
Dar a primeira prova irretorquível
De quanto era a voz bíblica possível.

27

E pela colônia se articulou
No Brasil um modelo alternativo
Que raças diferentes agregou
Para formar o povo forte e ativo
Que por um destino comum lutou
Desde a primeira hora, quando, altivo,
Cedo no Dezesseis soube expulsar,
Heróico, os invasores para o mar,

28

Mas sem da guerra a mensagem acolher,
Pois apenas, ao armas carregar,
Soubera a liberdade defender,
Com o privilégio do seu peso arcar,
Como depois voltariam a fazer
Tantos heróis mestiços a expulsar,
No Dezessete, novos imprudentes,
Os quais chegaram certos, inocentes,

29

De que a defesa fraca e improvisada
Da qual pudessem dispor os locais
Seria facilmente derrotada
Pelas forças poderosas com as quais
Desembarcavam na terra encantada.
Já no Dezoito, as provas mais cabais
Do apego desse povo à liberdade
Foram dadas de aberto, à saciedade:

30

O povo heterogêneo e unitário,
Das novas do Iluminismo embebido,
Alegre, audaz, valente, libertário,
Mostrava que estaria logo unido,
No mágico inconsciente imaginário,
Quando pudesse enfim ser conduzido
À situação que confiava existir
Com a independência que almejava vir.

31

Mas antes veio o caminho do antigo,
Antigo que fugia do caminho
Para instalar-se no distante abrigo
Americano, escapando do ninho
Milenar e carregando consigo
Tudo o que acumulara de daninho,
E oferecer a carga desvirtuada
À terra nascente, que renovada

32

A Terra teria como destino
Tornar, com o fim do bolor da antiqualha,
Formado da injustiça em desatino,
Do sangue corrido em mãos da canalha
E do abandono do sonho divino,
Lançando aos infernos pérfida tralha
Acumulada por toda a existência
Dos homens, com sinistra persistência.

33

E depois da chegada dos canhões,
Do orgulho, da avareza, das quimeras,
Da luxúria, da inveja, de ambições,
Da ira, da gula, da preguiça, feras
Próprias das ditas civilizações,
Funestas fúrias a rir das austeras
Vidas que eram próprias dos naturais,
A metrópole com seus mitos reais

34

Aportou no paraíso perdido
Redescoberto no mil e quinhentos,
Por iluminados reconhecido
E esquecido nos seguintes trezentos,
Mesmo quando por Milton retrazido
À memória nos anos setecentos,
E cobriu-o das façanhas bisonhas
Amadas pelos homens sem-vergonhas.

35

Escapada, do Corso, na calada,
Veio a corte instalar-se de mansinho;
Chegou como se não quisesse nada
Senão trazer ao povo o seu carinho
E com ele, de mais progresso, a guinada,
Sabedoria, cana-e-pucarinho.
Chegou portando as fugitivas pompas
E carregando as luzidias trompas.

36

A colônia inocente, todavia,
Já de episódios diversos sangrando
Com as lutas de independência, onde via
O almejado futuro latejando,
Ao abrigar a corte, mal sabia
Que ao mesmo tempo se estava importando
Doses novas dos erros milenares
Que, na América do Norte, seus pares

37

Com traço de gênio haviam evitado
Que por lá pudessem manter domínio,
Tendo com guerra cruenta declarado
A independência que tanto fascínio
Pelo Mundo Novo havia alastrado,
Primeiro grande passo do extermínio
Do velho colonialismo coroado,
Que já começava a ser derrotado.

38

E assim o paraíso incomparável
Que sobrevivia ainda pulsando
No peito da colônia, renovável
Seria das nódoas que acumulando
Viera se a história em capricho inefável
Não tivesse produzido o nefando
Bonapartismo, na atroz aventura
De guerra, sangue, injustiça e tortura,

39

E com isso feito exportar o contágio
Da decadência em que se debatia
Em Portugal, de transição no estágio,
O absurdo da absoluta monarquia.
Mas tal sucesso era também presságio
Do grande desenrolar que viria
A ocorrer, com a glória da resistência,
Que foi desembocar na independência.

40

Mas já no paraíso reencontrado
Um mimetismo estranho se fazia
Quando veio a liberdade, instalado
Num quadro da maior melancolia:
O país passara a ser governado
Por um imperador que submetia
Ao seu poder os brancos seus escravos,
Prisioneiros negros e aqueles bravos

41

Índios que o mundo haviam surpreendido,
Donos da liberdade natural,
Tocha que tornaria o povo unido
Para, com seu poder excepcional,
Exigir fosse o poder exercido
Dentro de um quadro constitucional,
Como se vinha impondo aos suseranos
Depois de tantos miseráveis danos

42

Da louca idéia do poder divino
Dito dado por Deus a usurpadores
Dentre os quais sempre havia um mau cretino
Coberto de luxo e sem pundonores
Para reger desmandado o destino
Dos povos, ditos todos protetores
Intocáveis, com direitos por Deus
Sagrados, para a defesa dos seus.

43

O império brasileiro assim fundado,
Na sucessão da prática européia,
E por suas dinastias moldado,
Das brancas ambições, prosopopéia,
Segue ao fim do Dezenove alienado,
Como dos males locais, panacéia.
A república em golpe militar
Improvisou-se e fez-se proclamar.

44

E desde então foi a instabilidade,
Soberana, por um cento reinando,
Enquanto o povo, cheio de vontade,
Ao largo, prosseguia trabalhando
E contornando a baixa qualidade
Do que lhe vinha o governo ofertando
Para fazer a grande construção
Das bases da emocionante nação.

45

O miúdo jogo da politicagem,
Como a indistinção entre alternativas,
A falta de decisão na abordagem
Das tremendas realidades ativas,
Dos republicanos tornou miragem
A visão possuída das positivas
Condições que teriam de afirmar,
No curso do Vinte, o desabrochar

46

Do grande país, que por Deus sabiam
Guardado como Éden continental,
Prova do paraíso que esqueciam
Os homens do Dezesseis infernal.
E assim, enquanto do povo surtiam,
Nascidos do seu ímpeto especial,
Os belos efeitos da produção
Material e da artística criação,

47

Lançava-se como de restos, pó,
Pelas encostas e despenhadeiros
Do tempo — mal do qual só com a de Jó
Paciência e muita reza dos santeiros
Se poderia desfazer o nó —,
Logo depois que, do século, os cueiros
Se tiraram, o rol dos presidentes
Que pouco ensaiaram estar presentes

48

Na vida que aquele povo abençoado
Bem moldava na forja da alegria,
Com o fogo da independência insuflado
Pelos foles da fácil parceria
Que ocorria entre irmãos entrelaçados,
Tão distantes daquela algaravia
Do poder que não falhava em errar,
Na prova de pouco querer mudar.

49

Arrancadas as páginas da história
Que apenas de crônica tenham sido,
Fixados só os momentos de glória
Quando algo para o povo acontecido
Haja, para além da marca simplória
De um fugaz instante embolorecido,
Ficam preservadas somente aquelas
Nas quais o povo em suas mãos singelas

50

E poderosas manteve o comando,
Estando sempre por trás do momento,
Exigindo respeito e condenando
A falta do correto tratamento
Para as questões de governo, e tomando
As rédeas das questões em andamento.
Na fase republicana é de ver
Como foi fácil sempre isso ocorrer.

51

Quando vencido o tempo vira o cento
E o Vinte e um fulgura despontando,
Marcados estão a nota e o acento
Que os homens pelo mundo foram dando
Para nele gozarem praça e assento,
De alguma forma, errando ou acertando.
Os quatro cantos do mundo sondados
Mostram os dolorosos e variados

52

Erros cometidos que conduziram,
Na linha de um progresso destrutivo,
Os que pelo prazer se definiram,
Sem consideração com o tempestivo
Sinal de alerta que logo emitiram
As limitações do diminutivo
Tesouro que na Terra se dispõe,
Mas que usado nunca mais se repõe.

53

Ser humano, misteriosa criatura,
Estranho troço por Deus animado,
Sem cobros na busca da ciência pura,
Na vida e no convívio um desastrado
Incapaz de conter-se na censura
Do seu ímpeto fero e arrebatado,
Que o torna mola mestra da corrente
De resistência a ele como agente.

54

Com o livre-arbítrio em santa concessão,
Como se fora um perdido demente,
Ambiciona os cumes da exploração,
E sanhudo, voraz, luta cruelmente
Por um poder que a própria destruição
Traz no bojo, em satânica semente:
Ser ameaçador, cego, desvairado,
Fidalgo que mendiga, devastado,

55

Sonso agente do infinito saber,
Aparelho sublime de pensar,
Máquina gigante de compreender,
Capaz de todo o universo abarcar,
Perfeição que pode tudo perder
Com a maldição de não poder arcar
Com a ambigüidade de um'alma imortal,
Sua condição clara e primordial,

56

Mantida prisioneira de carcaça
Bruta e mortal, num complexo improvável
Que o leva a uma existência que compassa
Momentos de desfrute irresponsável,
Razões de permanente e grave ameaça
À natureza, com outros de instável
Confiança em si e desprezível medo,
Da razão pura e da moral, degredo.

57

Quando a alma imortal é quem domina,
Intimorata, arrasta o corpo com ela,
E desatenta do que faz, termina
Por afastar da guarda a sentinela
Do templo em que se abriga, em asinina
Intemperança e perda de cautela:
Desmandada, conduz à predação
Da natureza e da sua prisão

58

Corpórea, solta na imortalidade
Que na sua condição imanente
A faz esquecer a fragilidade
Da massa perecível e carente
À qual se amarra por necessidade;
Quando a carne comanda independente
D'alma, torna-se arcabouço imperfeito,
Livre de nada, e em nada desfeito,

59

Inexistente existência que abusa
De não saber ser, querendo existir,
Massa infeliz que sendo usada usa,
A qual usando usada prosseguir
Intenta, essência falsa de confusa
Criatura que não cria, a se extinguir.
Com a depressão da morte que abomina
O corpo, ou a euforia, se o domina

60

A alma, não soube o homem ocupar
Com correção seu lugar reservado
No prodigioso espaço luminar
Do universo que é por ele habitado:
Perdas de alma e do corpo dão lugar
A estado de consciência limitado.
Contra tudo o que se diz, afinal,
É o homem por absurdo irracional.

61

E segue ele sendo sombra do que é,
Na trajetória estranha que colide
Com o excelso plano que o pôs de pé,
Feito animal soberbo que progride,
Formula, decide, transcende até,
Mas que também, desconcertante, agride
Com a surpresa de um estado emocional
De medo e de arrogância existencial.

62

Tivesse o homem focinho, talvez,
Por enxergar sua animalidade
No contorno grotesco, a insensatez
Da sua insolente malignidade
Menor representasse, e uma altivez
Humilde desperta pela fealdade
Poderia reduzir o tamanho
Da sua insânia, insuperável ganho.

63

Fato é que, do novo cento, os umbrais
Clamam por do homem grandes revisões,
Por força cuidando das materiais
Formas das imensas limitações
Que lhe trazem as suas animais
Fraquezas de infinitas restrições,
Mas dedicados também à imortal
Alma, não para viver vida irreal,

64

Porque não vida, atitude integral,
Etérea, hermética, iluminada,
Próxima da condição imortal,
Mas muito pelo contrário engajada,
Consciente, completa na original
Inspiração com que por Deus moldada
Se viu, para ter uma ação terrena,
Criativa de justiça, alegre e plena.

65

Uma civilização construtiva
Os que pela mente se conduziram
Tentaram criar, usando idéia ativa
Atuante sobre o que lhes sugeriram,
Com aquele horror que a revolta motiva,
As repulsivas distorções que viram
Tornar o livre-arbítrio a infame via
Que o homem desonrado percorria

66

Ao lhe ser liberdade oferecida.
Cortar o poder de resolução
Individual foi a solução tida,
Assumido o controle da opinião
Como a formulação mais bem cabida
Para o avanço marchar em mutirão.
Quando aplicado, o artifício gerou
Ignívomo monstro que fracassou.

67

Uma vida completa amalgamando
Os dois pólos díspares constituintes
Simbióticos do ser, harmonizando
Corpo e alma em uníssono aos ouvintes,
No Oriente se tenta fazer buscando
A mente afastar, com meios seguintes
A estados de abandono e isolamento,
Com o fim de separar o sofrimento.

68

Altos graus de prazer são atingidos
Quando o homem consegue controlar
Os sofrimentos que supõe sentidos
Apenas porque os sente, e os sabe criar
Para senti-los, tendo em si perdidos
Os caminhos para ver e provar
Serem simples incômodos e dores
Transformados em bons ocultadores

69

Da realidade do pouco que sejam,
Por envolver dor física presente,
Horror de que escapar todos almejam.
Horrenda dor, porém, é a dor que sente
Quem sente dor entre aqueles que arquejam
Dentro de um mundo da justiça ausente,
Escuras sombras que vibram no nada,
Tristezas mortas na beira da estrada

70

De uma existência sem razão de ser,
Vazios de esperança com a aspereza
Do inútil compromisso de viver.
E assim o sofrimento com a grandeza
Da fé nos corações faz-se sofrer
Num corpo em cujo espírito a tristeza
Não entra por não ser tristeza sua,
Mas tristeza de corpo, triste e crua.

71

E assim, sutis formas de não sentir-se
A mente são meios bastante usados
Para com bom sucesso conseguir-se
Os males do corpo ver afastados,
Ou mesmo dos do espírito fugir-se,
Senão curados, porém consolados:
Antigas práticas de alheamento
Não deixam de ofertar um rendimento,

72

No corpo grande alívio produzindo
Como a alma certamente poupando,
Por deixá-la distante, reduzindo
E entorpecendo da mente o comando.
São vitórias que se vão conduzindo,
Da consciência na batalha recuando:
A dor de sermos podem diminuir,
Da de não sermos, induzem a fugir.

73

Mas não há como enfrentá-la de ré,
Pois deriva de falha construtiva:
Impõe-se construir, mas construir com fé,
Tendo, pelo contrário, a mente ativa,
Sentidos todos e a atenção de pé.
Construir o homem é matéria cativa
Dos que o sabem ser matéria mortal
Que retém prisioneira alma imortal.

74

Eis que não basta do corpo cuidar,
Ou do espírito, fazendo esquecer
A mente, para dela sossegar.
Sendo importante tais lutas vencer
Para a grande vitória encaminhar,
É preciso o sentido não perder
Para a batalha, da grande razão:
Levar o homem à sua condição

75

De jóia da divina natureza,
Tristonho sonso que o anjo mau desvia,
Mas recomposto na plena grandeza
Do santo sonho em que o Senhor o previa.
Um caminho pejo de sutileza
É a promessa muito séria que envia
Ao mundo a Europa de se refazer
De milênios de erros, comprometer

76

Esforços imensos em desfazer
O longo passado prenhe de injúrias,
Crimes, insultos a mais não poder
À divindade da criação, espúrias
Ambições e desvios do dever
Da humildade e do bem, tristes penúrias,
Estranhas mentes cheias de indigência,
Mas também de assombrosa inteligência.

77

Da empreitada, o sucesso formará
Tabuleiro de xadrez complicado:
Apegos ao que foi ao-deus-dará,
Trilhas novas conforme planejado,
Nostalgias do que não voltará,
Desprezos com o que for abandonado,
Amor e ódio por passado glorioso,
Difícil de abandonar, espantoso

78

Pela inspiração criadora e genial,
Mas cortado por divisões notáveis,
Raízes poderosas do seu mal.
Grandes motivações e formidáveis
Esforços procuram buscar em tal
Fortuna linhas mais recomendáveis
De união num futuro procedimento,
Que restaure o mais puro fundamento

79

Do truculento *homo sapiens* terreno.
Vitoriosa seja a Europa zelosa
Em ter seu patrimônio de arte pleno,
Sabendo preservar a primorosa
Diversidade sem perda de ameno
Convívio e consciência da milagrosa
Dação divina da humana existência,
Criada e mantida em santa persistência.

80

Na América foi outra a evolução
Por ter história abrupta, recortada
Na Descoberta com a navegação
Dos brancos em aventura programada,
Nascida com a, do risco, sedução,
Sendo a terra generosa ocupada
Pelas gentes que da Europa escapadas
Se foragiam das civilizadas

81

E requintadas formas da violência,
Da guerra, da cupidez, do pecado
Supremo da voluntária inconsciência
Do dever de grandeza renegado.
Unidos e distintos, em presciência
Souberam criar o que foi grande achado:
A nobre idéia da federação,
Que deu unidade à nova nação.

82

Rivalidades tornaram-se externas,
Sem que pudessem elas embargar
As lutas de organização internas;
Liberdade foi o meio de armar
Ambições que, quando opostas, fraternas
Se faziam no caso de enfrentar
Ameaças que de fora se mostrassem,
Atitudes que bem não se explicassem.

83

A liberdade tanto interagiu,
Fez-se princípio tão condicionante,
Que ao longo dos séculos presidiu,
De maneira completa e dominante,
O corpo de ações com o qual evoluiu
A América do Norte, edificante
Exemplo do que pode a liberdade,
De como ela se torna potestade

84

Invencível na busca do progresso
Que pode se fazer com seu comando,
Mesmo quando se deve o seu sucesso
Às manhas do desejo e do desmando.
Marchou a justiça em contraprocesso
Na América, espantada, profligando
Da liberdade solta, a fantasia,
Ou daqueles que a incensam, a felonia.

85

Quando da liberdade o paraíso
Consigo a justiça como exigência
Portou, tornou-se mais claro e preciso
Que outro rumo teria a providência,
Orientando para com esforço e siso
Levar a bom fim a humana existência:
Plenamente a liberdade exaltar,
Ela, dádiva que Deus quis legar,

86

Ela total, completa, transbordante,
Ela integral, sem cobros, absoluta,
Como deusa incontrastável reinante.
Viria a embriaguês como conduta,
Trazendo excessos de abuso aberrante,
Em torno de falsas questões, disputa,
Derrota da vitória desmedida
Sobre a justiça, batalha perdida.

87

Depois, porém, será talvez possível,
Em forma de esperança formidável
Que vinda da liberdade é cabível,
Por ser oriunda de tão amorável
Culto, que ainda que pareça incrível,
Nasça o nobre do ultraje condenável,
Do fastio do concreto, a abstração,
Do erro repisado, a condenação.

88

Assim, no grande poder do Ocidente
A Europa pode um novo homem construir
Buscando um fim dar ao erro insistente
Das bases com as quais se fez erigir;
Na América do Norte há um diferente
E estimulante caminho a seguir:
O que já trilham, porém que norteado,
Da liberdade passiva desviado

89

Para assumir o da ativa, engajada
Em ser a liberdade verdadeira,
Não a desassumida, abandonada,
Mas a pronta para a luta, viseira
Baixada, lança na mão apontada
Para o peito da inspiração rasteira:
Viria a liberdade a luz trazendo
Às almas, retornamento estupendo.

90

Que lutem o europeu e o americano,
Que o façam também os povos do Oriente,
Não para se isolarem do mundano,
Da falsa dor dos sentidos somente,
Mas para atingir porventura um plano
Que devolva ao mundo insano e impudente
A linha que ele faz ter esquecido,
Ele, infeliz, que sem ela é perdido.

91

Na Terra existe, porém, um lugar
Em que o Senhor o dedo descansou,
Como em Nazaré, a fim de salvar
A humanidade, para o que provou
Da beleza suprema o despontar
Sem retoques, com o que unificou
O sacrifício do filho adorado
À visão do paraíso ofertado,

92

Maravilhas de idêntico sentido
De beleza, o sentimento da dor
Do sofrimento e do que tenha sido
Da força de oferecê-lo, o fulgor,
E a revelação de haver-se atingido
O dom da natureza em esplendor:
As duas faces de Deus remetidas
Ao homem, para serem compreendidas.

93

E o dedo de Deus tocou o Brasil
Para nele retratar o olvidado
Paraíso e mostrá-lo no ano mil
E quinhentos a um conjunto espantado
De portugueses, desviado em ardil
De ventos transversos e encapelado
Mar, para assim, como se por acaso,
Revelar-lhes o crime do descaso

94

Com a verdadeira grandeza da vida,
Revelação acabada e completa,
Pois junto à beleza veio a devida
Prova do ardor feliz de que repleta
Se mostrava a existência bem provida
Do selvícola, na forma concreta
De total e profunda integração
Com a natureza, em mágica lição.

95

Possui a beleza um halo espacial
Que exerce forte influência circundante;
Também tem ela um vento temporal
Que a leva a estender no tempo mutante
Seu imenso fascínio natural,
E assim pelos séculos foi atuante
No Brasil, se isolando dos maus fados
E criando o bem, até que os programados

96

Feitos do dito progresso chegaram,
E pela abençoada terra correndo
Apregoando grande mal se espalharam.
O corpo do Brasil se percorrendo
É o mesmo corpo que os céus lhe confiaram,
Lanhado talvez, mas se defendendo
Como pode da cupidez maldita
Dos homens, com resistência infinita.

97

Para os brasis, a tarefa é mais grata
Do que para outros homens dispostos
A se alçarem verdadeiros, com a inata
Imagem pela qual foram compostos,
Pois noutras plagas a mais insensata
Deformação se instalou, e dispostos
Que estejam terão trabalho penoso
E incerto de se tornar vitorioso.

98

Do Brasil sairá a renovadora
Mensagem que no proscênio do cento
Se pode antecipar de salvadora.
Provado estando que o feroz intento
De um luxo alvar conduz à predadora
E fosca imagem do enriquecimento
De alguns poucos em troca do tormento
E do avassalante empobrecimento

99

De infinitas hordas de abandonados,
Sabido ser afinal impossível
Que possam ser os homens igualados
Nos níveis mais elevados do incrível
Consumo próprio dos mais bem-dotados,
Cumpre repensar um mundo cabível,
Reencontrar a riqueza incomparável
Do espírito e da consciência adorável

100

Do saber ser e sê-lo plenamente,
Compreender o corpo como instrumento,
Torná-lo fácil joguete da mente,
Estimular o simples sentimento
De amar ao próximo completamente.
Será brasileiro o inicial momento:
Cantem verdes e azuis, frios e mansos,
Carmim, rubros, laranja, sem descansos

101

Berrem com as roxas e amarelas flores,
Gritando com os mares, rios, florestas,
Praias, montanhas, incêndios de albores
Matinais, fauna de animais em festas,
Homens de todas as raças e cores,
E tu, poente, que o milagre coonestas,
Acendam do Brasil a luz que importa,
Enviada por Deus, e apaguem a luz morta.

FIM

markgraph
Rua Aguiar Moreira, 386 - Bonsucesso
Tel.: (21) 868.5802 Fax.: (21) 270.9656
Rio de Janeiro - RJ